Breve Historia del Siglo de Oro

Breve historia del Siglo de Oro

Miguel Zorita Bayón

con *Juan Ignacio Cuesta*

Colección: Breve Historia (www.brevehistoria.com)
www.nowtilus.com

Título: Breve Historia del Siglo de Oro
Autor: Miguel Zorita Bayón
Supervisión: Juan Ignacio Cuesta Millán

© 2010 Ediciones Nowtilus, S.L.
Doña Juana I de Castilla 44, 3° C, 28027 Madrid

Diseño y realización de cubiertas: Onoff Imagen y comunicación
Diseño de interiores y maquetación: Juan Ignacio Cuesta

Reservados todos los derechos. El contenido de esta obra está protegido por la Ley, que establece pena de prisión y/o multas, además de las correspondientes indemnizaciones por daños y perjuicios, para quienes reprodujeren, plagiaren, distribuyeren o comunicaren públicamente, en todo o en parte, una obra literaria, artística o científica, o su transformación, interpretación o ejecución fijada en cualquier tipo de soporte o comunicada a través de cualquier medio, sin la preceptiva autorización.

ISBN: 978-84-9763-820-3
Fecha de edición: abril 2010

Printed in Spain
Imprime: Podiprint.
Depósito legal: M-12483-2010

Con este libro quisiera darles las gracias:

A mis padres, por servirme de ejemplo, y a mi hermano, compañero de pesares y a quien el tiempo reserva el triunfo de sus miras.

A los maestros: Juan Ignacio Cuesta, tan adelantado a su tiempo, que creyó en mí antes incluso de que yo lo hiciese; a Javier Portillo, gran creador de vocaciones; a Antonio Muñoz Carrión, tan inclinado a favorecer las buenas artes; y a Enrique Domínguez Perela, por hacerme de Cicerón en las tenebrosas llaves de tesar.

Y por último a mis escasos pero leales amigos, con quien siempre estaré en deuda.

Y además a:

Juan Manuel Higueras Álvarez, Begoña Fernández Castaño, Álvaro Muñoz, Diego García Luengas, Pablo Lueiro Valencia, Maite Antolín Ayuso, Elena Caicoya, y Jaime García Mayoral.

ÍNDICE

PRÓLOGO 13

INTRODUCCIÓN 19

Capítulo I

DE LA ECONOMÍA RENACENTISTA 23
A LA ABSOLUTISTA

La herencia recibida por Carlos V 23
Los banqueros Fugger 27
El problema americano 29
Las finanzas de Felipe II 31

Capitulo II

LA VIDA DIARIA EN EL SIGLO DE ORO 33

En el hogar 33
En la Universidad 36
Las fiestas: *Procesiones* 40
       Toros
       Verbenas y romerías
El teatro 45
Las tabernas y la gente de mal vivir 49

Capítulo III

LA MISERIA Y EL MIEDO — 53

Pobreza, pestes, despoblación y mendicidad — 53
Miserables, pícaros y delincuentes — 55
La Inquisición y los herejes — 58
Bufones, la élite de los desarrapados — 66

Capítulo IV

LA MÍSTICA CASTELLANA — 69

El entorno político y religioso — 69
Los orígenes e influencias de la mística castellana — 71
Los Alumbrados — 72
¿Alumbrados en San Plácido? — 75
La mística castellana y sus protagonistas — 78
   Santa Teresa de Jesús — 79
   San Juan de la Cruz — 82
   Fray Luis de Granada — 86
   San Pedro de Alcántara — 88
   Fray Juan de los Ángeles — 90
   Fray Diego de Estella — 90
   Fray Luis de León — 91
   San Francisco de Borja — 94
   San Juan de Ávila — 96
   María Jesús de Ágreda — 99
   Miguel de Molinos — 101

Capítulo V

LAS INFINITAS GUERRAS — 103

La guerra de las Alpujarras — 103
La Batalla de Lepanto — 106
La mal llamada «Armada Invencible» — 111
El infierno de Flandes — 116
La guerra de Cataluña — 121
Rocroy — 124

Capítulo VI

LOS AUSTRIAS — 125

FELIPE II, EL PRUDENTE — 125
El Oficio de Rey — 128
Rey de España y Portugal — 131
El infante don Carlos — 134
Felipe II y los heterodoxos — 137

FELIPE III, EL PIADOSO — 144
El duque de Lerma — 146
La conjura de Venecia — 148
De la corrupción a las conjuras — 150
Los años finales de Felipe III — 153

FELIPE IV, EL REY PLANETA — 155
Las correrías del rey Galante — 156
El Gobierno de Olivares — 158
El problema sucesorio — 161
Conversaciones de lo humano y lo divino — 163

CARLOS II, EL HECHIZADO — 166
Un niño un poco especial — 166
La batalla entre validos — 168
El reinado de Carlos II — 170
Entre hechizos y exorcismos — 174

Capítulo VII

LOS PRECEDENTES DE LA LEYENDA NEGRA — 177

Precedentes mediterráneos: la *venganza catalana* — 179
Los aragoneses y Roma — 180
El Saqueo de Roma — 183
Precedentes europeos — 184
La forja de un imperio — 185
La España imperial — 187
Comienzan los problemas: don Juan de Austria — 188
Antonio Pérez *vs* Juan de Escobedo — 190

Capítulo VIII

MITO Y REALIDAD DE LA LEYENDA NEGRA 195

Las matanzas en América	197
El problema con Flandes y los protestantes	199
El Demonio del mediodía y la Reina virgen	201
El caso de Francia	202
Aclaraciones a la Leyenda Negra: *América*	204
Flandes	
Inglaterra	
Francia	

Capítulo IX

MISTERIOS Y BIOGRAFÍAS 211

El Conde de Villamediana	211
El mensaje oculto de *Las Meninas*	218
Pedro Páez Xaramillo	221
Los adelantados	229
Fenómenos curiosos durante el Siglo de Oro	234
¿Quién era don Quijote?	238
Tumbas perdidas	241

Capítulo X

EL PRINCIPIO DEL FIN Y LA GUERRA DE SUCESIÓN 245

Comienza la guerra	247
La guerra en España	249

BIBLIOGRAFÍA 253

PRÓLOGO

No está clara la línea divisoria entre la Baja Edad Media y el Renacimiento, pero desde luego, y según donde, cabalgaría entre los siglos XIV y XVI, coincidiendo con acontecimientos sociales como la aparición de los gremios y el desarrollo de las ciudades como espacio de convivencia y relación.

En el plano cultural se realizaron importantes progresos con respecto a la etapa anterior que, salvo en ciertos momentos, se caracterizó por enfrentamientos continuos entre reinos (emergentes o consolidados), grupos con intereses concretos, culturas y creencias religiosas enfrentadas radicalmente.

Sin embargo, no todo fue negativo, hubo hechos relevantes, como la creación de los cimientos que permitieron la llegada del Renacimiento. Por ejemplo, las Cruzadas, que en general se saldaron con un desastre en el plano bélico para los cristianos, permitieron establecer rutas por las que fluyeron importantes conocimientos. Y poco a poco estos fueron transformando las sociedades, y por tanto los modos de pensar y de enfrentarse a los retos de la existencia. La gran popularidad alcanzada por el Camino de Santiago permitió establecer una compleja red de rutas por la que circularon miles de peregrinos camino del Finisterre. Gracias a ella, Europa pudo conocer las obras y sabiduría de los filósofos, escritores, astrónomos y matemáticos griegos y romanos, pongamos por caso.

Pero no solo eso, sino que también llegaron noticias de reinos remotos que estaban situados en Asia o África. La maraña de caminos que se llamó *Ruta de las Especias* (coincidente en su mayor parte con la *Ruta de la Seda*, así se la llamó a partir de 1877) llevó a Oriente Medio no solo el comercio, sino también el conocimiento de los importantes logros alcanzados por gentes hasta ahora remotas y legendarias. Y desde allí se difundieron por todo el orbe cristiano, hasta llegar a Santiago de Compostela o Toledo.

Prueba de ello fue la coincidencia de todo esto con la aparición fulgurante y repentina de esos prodigiosos edificios cuya construcción rozó lo sobrehumano que son las catedrales. ¿Hubieran podido concebirse sin los conocimientos llegados de Oriente? Creemos que no. Fue gracias a ello que se convirtieron en una especie de minaretes cristianos. Una seña de identidad inequívoca y un nuevo modo de entender la espiritualidad determinado por otras sensibilidades tan hasta ahora lejanas como la de los antiguos egipcios o los místicos sufíes.

En España, el Renacimiento alcanzó su punto más relevante gracias a dos acontecimientos fundamentales, uno la expansión de la Corona de Aragón por el Mediterráneo añadida a su unión a la de Castilla, y otra su consecuencia, el Descubrimiento de América. El mundo se hizo tan grande que ya no podía interpretarse con la concepción medieval, y su control necesitó del establecimiento de monarquías absolutas y fuertes, capaces de asumir los nuevos retos.

A partir de este momento podemos empezar a hablar de un Siglo de Oro de lo español, aunque desde luego no ocupó este una centuria, sino toda una época que coincidió con los gobiernos de los miembros de la familia Habsburgo.

¿Por qué *de Oro*? Pues porque, a pesar de los problemas, los desajustes, los enfrentamientos y los contrastes, Europa, y sobre todo la vieja Hispania, experimentaron un desarrollo cultural semejante al que significó la difusión de la cultura clásica en el Imperio Romano (aunque se perdiera casi en la Edad Media).

Pero hay algo que hay que tener claro, esa denominación es una convención posterior. Quienes vivieron en aquellos momentos no fueron conscientes de ello en su totalidad, aunque sí de sus manifestaciones, que conformaron la vida de los reinos y de sus gentes.

Ejemplos: el desarrollo de las Universidades donde empezó a forjarse el pensamiento científico como herramienta que aventó el oscurantismo anterior; la sofisticación de la música; la popularización del teatro; el acceso a la poesía de las clases desfavorecidas; mejores oportunidades de desarrollo personal (al menos para algunos); aumento del bienestar gracias a la alimentación y una incipiente medicina cada vez más eficaz. Podríamos enumerar muchas cosas, pero casi vamos a proponer algo mejor.

Si usted lee este libro, conocerá de primera mano todo esto, a través de la visión de un artista plástico joven y genial, gran experto en temas de historia, no solo por su formación académica, sino también por su desmedida afición, que le convierte en un verdadero erudito calificable de forofo (que suelen ser los que más saben de las cosas y mejor las interpretan).

Conocer el Siglo de Oro no solo consiste en empaparse de un montón de fechas, acontecimientos políticos o religiosos y biografías de los protagonistas principales, es también tomar contacto con lo que pasaba en la calle, con el día a día de unos españoles que estaban vivos y dotados de una exhuberante creatividad allí donde estuvieran, y lo demostraron con hechos.

Al igual que si entráramos en una máquina del tiempo, Miguel Zorita Bayón nos lleva de paseo por aquella época, repleta de anécdotas y hechos curiosos poco conocidos que nos permiten saber algo más de un tiempo en que se alcanzaron cotas máximas en muchos campos, algunos loables y otros no tanto.

Fueron hijos de ese tiempo Miguel de Cervantes Saavedra, que no solo creó la novela moderna, sino que lo hiciera como lo hiciera, escribió una de las más importantes de la historia de la literatura. Una obra magna en la que se pueden encontrar lecciones universales y vigentes en todo tiempo. Además, redactada con tal perfección que nadie puede dudar hoy de acudir a ella en busca de estilo y buen hacer. Francisco de Quevedo, autor de grandes monumentos poéticos; Lope Félix de Vega Carpio, un dramatugo a la altura de William Shakespeare; Calderón de la Barca, Góngora..., por hablar de literatos. Porque si lo hacemos de pintores, tenemos a Carreño, Velázquez, Claudio Coello, Murillo, Valdés Leal..., otra lista que sería interminable y excesiva para un prólogo.

En el campo político, se destacan los recovecos y zonas desconocidas de reyes como Felipe II, que a la luz de las modernas investigaciones aparece como un hombre contradictorio, a caballo entre la ortodoxia más furibunda y una herterodoxia menos conocida que le llevó a rodearse de gentes que, sino fuera por él, hubieron ido de cabeza a los calabozos de la Inquisición, como Juan de Herrera o el extremeño Benito Arias Montano. Un hombre también muy supersticioso que reunió en su obra arquitectónica más notable, el Monasterio de El Escorial, casi ocho mil reliquias que le protegieran tanto a él en persona, como a sus ascendientes y sus descendientes. También creyó que incorporándolas en algunos lugares de aquel santuario estaría protegido contra los embates del maligno. Un lugar que serviría de tapón de una hipotética *Boca del Infierno*, que en realidad no fue más que una leyenda mal contada relacionada con actividades minero-metalúrgicas de la sierra de Guadarrama.

Conoceremos también a sus sucesores y sobre todo la peripecia personal de los más desgraciados, como fueron su propio hijo Carlos, que terminó muriendo joven víctima de sus desarreglos, o aquel pobre hombre enfermo que fue Carlos II, al que se sometió a verdaderas torturas para que pudiera dejar un descendiente. Y como no lo consiguió los Habsburgo tuvieron que dejar paso a otros candidatos, el Archiduque Carlos de Austria y Felipe V Borbón (ya sabemos que la Guerra de Sucesión fue ganada por este último).

Capítulo importante es el que, a través de sus personajes principales, trata de uno de los fenómenos más extraordinarios de todos los tiempos, la aparición de una mística castellana, semejante en muchos de sus presupuestos y manifestaciones a la desarrollada por otras creencias filosóficas o religiosas. Sin tener un contacto claro con ellas, abarca temas que son comunes a algunos de las prácticas de los budistas zen o los sufíes, que aunque son musulmanes también tienen orígenes filosóficos universales elaborados por Sócrates o Platón.

Hay muchas cosas más, como la biografía de personajes remotos que realizaron hazañas extraordinarias, como el madrileño Pedro Páez Jaramillo, descubridor de las fuentes del Nilo Azul, tras visitar multitud de prisiones en tierras árabes. Una relación de algunos fenómenos curiosos y extraordinarios acaecidos en los cielos que llamaron la atención en su tiempo y llevaron a pensar si no estarían ante un fin del mundo o una señal orientatativa, como la observada por el Cardenal

Cisneros cerca del pueblo de Titulcia, que le llevó camino de Orán para luchar contra los turcos.

Hay dos capítulos dedicados a analizar los prolegómenos y nacimiento de la Leyenda Negra que afectó tanto a la monarquía española (en especial a Felipe II), como al resto de españoles.

Gracias a una labor taimada, interesada y orquestada para sumirnos en el más negro de los desprestigios, personajes como Guillermo de Orange o el secretario real Antonio Pérez disimularon sus propios problemas. Una *Leyenda* aprovechada por todos nuestros enemigos a lo largo de la historia que, aunque en parte está justificada por las prácticas de la Inquisición, sirvió para ocultar que quienes la crearon tampoco respetaron especialmente a nadie. Mientras que en España se ejecutó a menos de cien personas por herejía, en Alemania por ejemplo se condenó a cerca de quince mil.

En fin..., aquí tienen una obra para entretenerse y formarse a la vez de una forma amena. Un agradable paseo por cosas que, en realidad, son las que nos permiten saber hoy qué es lo que somos.

Disfruten de ella.

Juan Ignacio Cuesta
www.frayjuanignacio.es

INTRODUCCIÓN

Pocos son los historiadores que se ponen de acuerdo para acotar con exactitud el llamado Siglo de Oro. Los más atrevidos adelantan su inicio a los tiempos de los Reyes Católicos y los más cautos lo atrasan hasta el siglo XVII. También sucede igual con su final, que oscila entre la muerte de Calderón de la Barca (1681) y el final de la Guerra de Sucesión (1714).

En realidad, el concepto Siglo de Oro, que fue consagrado por el hispanista norteamericano George Ticknor refiriéndose a la literatura española, no corresponde exactamente a un periodo de cien años, sino más bien a un tiempo de gran creatividad cultural a caballo entre el Renacimiento y el Barroco. La razón es sencilla, los textos en los que se inspiró hablaban de una «edad dorada» tal y como aparece reflejado en el capítulo 11 del *Ingenioso Hidalgo don Quijote*, cuando el caballero alecciona a unos cabreros hablándoles de esta manera:

> «¡Dichosa edad y siglos dichosos aquellos a quien los antiguos pusieron nombre de dorados, y no porque en ellos el oro, que en esta nuestra edad de hierro tanto se estima, se alcanzase en aquella venturosa sin fatiga alguna, sino porque entonces los que en ella vivían ignoraban estas dos palabras de tuyo y mío!»

En definitiva, el profesor de Harvard usó un concepto basado en una tradición prácticamente universal, que aparece en multitud de culturas en las que se habla de un idílico tiempo remoto, cuando los hombres eran felices y el mundo vivía en armonía y sosiego.

Este es un mito que aparecía tempranamente reflejado en la *Teogonía*, escrita por el poeta griego Hesíodo. Precisamente este autor nos hablaba en esta obra, que sería algo así como el *Génesis* de los dioses griegos, de cómo la eternidad se divide en varios periodos, y que el último siempre será el peor en comparación con los anteriores, puesto que según vayamos retrocediendo en el tiempo llegamos a una edad primigenia, una edad de oro, donde los hombres convivían felices con los dioses. Esto no deja de ser una cuestión de índole psicológica que nace del inconsciente colectivo, y consiste en creer que cualquier tiempo pasado fue mejor, como así aparece en el *Antiguo Testamento* (el Paraíso) y en tantos libros de cabecera de las principales religiones.

Realmente, esta denominación venía siendo popular desde finales del siglo XVIII, cuando ya se hablaba de un siglo áureo gracias a autores como Lope de Vega (1562-1635), que así denominó a su tiempo (inspirándose también en Cervantes). En definitiva, se asumió en lo cultural una vuelta de aquella feliz edad, y se comparó Madrid con el Parnaso.

Desafortunadamente, la realidad no se correspondía con tan idílico sueño. Posiblemente España alcanzó entonces niveles económicos, sociales, espirituales y culturales que nunca antes había tenido, pero también había muchas carencias. La vida cotidiana, y sus circunstancias era dura, en algunos momentos azarosa y no faltaban las situaciones de peligro.

Simultáneamente, fuera de España se iba creando una imagen diametralmente opuesta. Respondiendo a intereses políticos, a ciertas estrategias y a la ignorancia, se fue gestando la llamada Leyenda Negra, que tuvo gran éxito entre el resto de países europeos. Según con quien se hablase, el mundo era ideal o todo lo contrario, infernal.

En cualquier caso el Siglo de Oro y la Leyenda Negra fueron parejos, como cara y cruz de una misma moneda que nunca mostró ambas a la vez, debido a los apasionamientos, prejuicios, idealizaciones exageradas y cierta ingenuidad.

Con el tiempo hubo intentos de contrarrestar toda esta negatividad con otras tantas leyendas blancas, rosas o de diversos matices cromáticos, tan poco imparciales como sus contrarias. Así se continuó echando leña al fuego de la mitificación y se nubló la realidad, en muchos casos atendiendo a motivaciones tan humanas como sencillas de comprender.

Todo lo expuesto, visto con objetividad, no solo nos invita a la desmitificación, sino también a hacer un esfuerzo por descubrir episodios y personajes asombrosos que, situados en un humilde segundo plano, fueron piezas indispensables para poder llegar a hacernos una idea menos confusa de lo que fueron en realidad el Siglo de Oro y la Leyenda Negra, que analizaremos específicamente.

Medallón de los Reyes Católicos en la fachada de la Universidad de Salamanca.

Capítulo I

DE LA ECONOMÍA RENACENTISTA A LA ABSOLUTISTA

La herencia recibida por Carlos V

La altura cultural del Siglo de Oro estuvo siempre estrechamente unida a lo social y a los conflictos humanos, políticos y religiosos. Casi todos estuvieron determinados por los altibajos de una economía que desde un discreto plano histórico marcó el rumbo de guerras, mecenazgos artísticos o el día a día de los españoles de la época.

Pero para conocer a fondo esta historia, hay que remontarse hasta el momento de la muerte de los reyes Católicos. En aquellos días, la situación política de España atravesaba momentos marcados por la gravedad que ocasionaba la inestabilidad que se vivió en los finales del

Renacimiento. El breve reinado de Felipe el Hermoso y la conflictiva situación de su esposa, Juana la loca, fueron seguidos por regencias inestables que tenían que atender los intereses contrapuestos de uno y otro reino. La unidad política de la recién creada España se debilitaba por momentos y con ello la economía.

La administración aprovechó la tesitura para enriquecerse y convertir a simples funcionarios en verdaderos magnates, gracias a una galopante corruptela. Había sobornos y concesiones que no solo provenían de otros aspirantes al tan suculento negocio de la administración, sino también desde el estamento comercial, para el que supuso una esplendida oportunidad de «sacar tajada».

De esta forma la industria capital del expansionismo castellano, la lana, se vio hundida por la pésima gestión comercial que dejaba, por ejemplo, que las dos terceras partes del producto fuesen exportadas al extranjero quedando tan solo en manos de la industria española una tercera y siempre peor parte.

Esta injusta situación suscitó protestas airadas, no solo por la pésima administración, sino ante la creciente invasión mercantil protagonizada por genoveses y flamencos.

Voces, como la del madrileño Rodrigo Luján o el vallisoletano Pedro de Burgos, criticaron la situación económica atribuyendo responsabilidades al descontrol del comercio. Sin embargo otro revés político vino a empeorar las cosas. El rey de Flandes, y por tanto beneficiario del caos, fue designado como heredero al trono español, con el nombre de Carlos I.

Sucesor de Felipe el Hermoso en Flandes y de Juana la Loca en Castilla, el jovencísimo rey dejó en manos del gobierno flamenco los asuntos económicos de España. La ambición comercial paso a convertirse en política haciendo del inminente conflicto una extraordinaria fuente de substanciosos beneficios.

Tal y como estaban las cosas, solo un hombre sería capaz de poner cierto orden frustrando las pretensions económicas flamencas sobre el reino de Castilla. No sería otro que el Cardenal Cisneros. El regente castellano emprendió acciones eficaces para intentar erradicar el problema del funesto funcionariado, creando para ello la Universidad Complutense. Allí se consiguió estructurar una modélica administración basada en la formación. Pero maniatado políticamente por la facción flamenca apoyada oportunamente por sus oponentes, Cisneros no acertó a responder a las protestas castellanas que empezaban a generalizarse en las principales ciudades afectadas por desajustes comerciales.

En ese momento, Cisneros decidió hacer frente a las presiones políticas recurriendo directamente al rey, a quien recibiría en Castilla. Sin embargo el destino se encargó de demostrar una vez más la pequeñez de los hombres. Cuando iba de camino a recibir a Carlos I, que desembarcaba camino de España, murió por intoxicación; en el preciso momento en el que el papel que representaba era determinante.

La producción de materias primas y el potencial americano hizo de la descontrolada España una pieza muy suculenta para satisfacer el ideal imperial flamenco, representado por la casa de Austria. Nada más llegar a España, no tardaron mucho sus principales representantes en ocupar cargos políticos relevantes.

Con resoluciones como estas, los ánimos castellanos se crisparon más aún, cuando vino a sumarse un nuevo detonante, la convocatoria de las Cortes. El viaje del césar Carlos coincidía con su campaña política para conseguir el trono de Emperador del Sacro Imperio Germánico, y como era bien sabido desde tiempos medievales, la forma más eficaz para lograr dicho nombramiento era el soborno de los propios electores. No era fácil conseguir dinero para ello, por lo que el Austria decidió recurrir a las arcas públicas de los distintos reinos de España. Para ello con-

Estatua dedicada al Cardenal Cisneros en Torrelaguna, Madrid, su localidad natal.

25

gregó las cortes de cada uno de ellos, quedándose perplejo con la cantidad ingente de peculiaridades políticas con las que se regían unos y otros territorios. Estas diferencias, así como las exigencias recaídas sobre el pueblo a raíz del problema económico, condicionaron la entrega de dinero español destinado al nombramiento de emperador.

No obstante, la decisión de los electores se hizo saber en plena campaña política, y a la muerte de su abuelo Maximiliano, Carlos I fue nombrado emperador del Sacro Imperio Germánico. En ese mismo año de 1519, la situación en Castilla se recrudeció cuando el rey, que había jurado terminar con la ocupación flamenca de los cargos políticos, partió a Alemania para ser coronado emperador. En ese momento faltó a sus propias promesas, dejando a España a cargo del flamenco Adriano de Utrech.

El Cardenal Adriano intentó reunir unas nuevas cortes en Castilla pero, conocedor de la tensión que se vivía en la zona centro de España, optó por convocarlas en Santiago de Compostela. Así, la mayoría de los representantes de las diferentes ciudades tardaría lo suficiente en llegar como para orientarlas en su propio beneficio.

Era el año 1520 y el pueblo castellano no soportó más los abusos del poder. Los vecinos de ciudades como Segovia tomaron represalias contra sus propios emisarios a las cortes, cuando se enteraron de que estos habían aceptado los sobornos flamencos. De este modo comenzaron los primeros altercados y sublevaciones a las que se sumaron ciudades como Toledo, Salamanca, Ávila, Zamora, Soria y Guadalajara.

Adriano de Utrech decidió solucionar el conflicto por la vía militar poniendo sitio a Segovia. Pero el fracaso fue absoluto cuando llegaron las tropas del capitán toledano Juan de Padilla para defender al nuevo regidor segoviano Juan Bravo, a las que se añadieron las del madrileño Juan de Zapata y del salmantino Francisco Maldonado.

Tras su derrota en Segovia el consejo de regencia decidió tomar represalias con otras ciudades. La decisión se convirtió en una declaración de guerra abierta contra Castilla. La consecuencia fue que entraron a formar parte del movimiento opositor Cuenca, León, Burgos, Palencia, Valladolid, Ciudad Rodrigo, Cáceres, Badajoz, Úbeda y Baeza. La llamada «Revolución Comunera» fue extendiéndose a lo largo de toda Castilla.

Fue breve, pero de una importancia histórica fundamental (recordemos que es la primera revolución de la Edad Moderna). La guerra de los comuneros terminó con su derrota en la localidad vallisoletana de Villalar, el 23 de abril de 1521. Sin embargo los continuos jaques dados por los castellanos a las tropas imperiales fueron suficientes como para que Carlos I tomase conciencia de la importancia de Castilla y Aragón dentro de su imperio. Además, el problema económico iba creciendo paulatinamente.

Los banqueros Fugger

Paralelamente a la cuestión española, el monarca se enfrentaba a otro delicado asunto en los territorios heredados por vía paterna.

Como sabemos, su elección como emperador había requerido de grandes sumas de dinero para la compra de votos, y al igual que le sucedió a su abuelo Maximiliano, el joven aspirante recurrió a los Fugger, los banqueros más importantes de aquel entonces y padres del capitalismo moderno.

Con Jacob Fugger a la cabeza, estos banqueros (también conocidos en España como los «Fúcares») dieron un impulso nuevo a la banca, que a partir de entonces habría de influir directamente en la política. Para ello emprendieron complejos negocios y otros tratos con emperadores, reyes y papas.

Las deudas contraídas con ellos y con otros magnates como los Welser hicieron que llegado un momento Carlos I decidiese saldar parte otorgándoles privilegios en determinados territorios españoles como forma de pago. Ejemplo, las minas manchegas de mercurio de Almadén pasaron a ser propiedad de estos influyentes banqueros.

El mercurio era un metal muy preciado, que alcanzó altas cotizaciones, no solo por la escasez de yacimientos, sino por el valor fundamental que le otorgaban colectivos como los alquimistas, cuyos servicios fueron requeridos por no pocos reyes europeos.

Los astutos Fugger anduvieron al acecho de la mejor ocasión para convertirse en los primeros accionistas de varias explotaciones mineras (como la plata del Tirol o las recientes explotaciones americanas), al tiempo que diversificaron sus acciones en el comercio de las especias, los bienes inmuebles, o el patrocinio de artistas como el pintor y grabador Alberto Durero.

Su red bancaria se extendió rápidamente por Génova y Venecia, donde el reciente imperio también tendría acreedores y prestamistas hasta bien entrado el siglo XVII. Toda esta red financiera cayó en desgracia tras la primera bancarrota de Felipe II, elevando sus pérdidas a cifras difícilmente recuperables. Así, los Fugger quedaron relegados al simple desempeño de modestas actividades aristocráticas en sus grandes latifundios.

Jacobo Fugger (Augsburgo, 1459, 1525) fue uno de los precursores de la banca moderna. Prestamista de reyes como Carlos V o Felipe II, de nobles y de altos clérigos llegó a almacenar una inmensa fortuna que perderían sus sobrinos posteriormente, debido a la bancarrota decretada por el rey Prudente en 1557.

El problema americano

Ante tal panorama económico, nos hacemos una pregunta obvia: ¿cómo se enfrentó a esta situación el llamado Imperio Español? Lógicamente tal cúmulo de dificultades solo pudieron ser solventadas gracias a la providencial ayuda de las Indias.

El avance español en América se consolidó en aquellos años con hallazgos como el del sosegado y nuevo océano al que su descubridor Núñez de Balboa llamó Pacífico, así como los poderosos imperios con los que establecieron contacto Hernán Cortés y Francisco Pizarro.

Estos descubrimientos incluían la existencia de una ingente cantidad de oro y plata que los españoles no tardarían en explotar. Minas, como las de Potosí (Bolivia) o Guanajuato (México), aportaron una gran cantidad de metales preciosos que sirvieron para conseguir sacar a flote las finanzas de los sucesivos monarcas de la casa de Austria. El flujo de riquezas americanas no se interrumpió mientras esta dinastía hispánica estuvo en el poder. En cualquier caso, el oro de ultramar sirvió más de ayuda a sostener la inestable economía que a que progresase el imperio.

El gozo con el que se contabilizaban estas riquezas en la Casa de la Contratación en Sevilla se transformaba en disgusto ante el insaciable pozo de la deuda externa contraída con los acreedores ya mencionados, además de los costes que ocasionaron las casi interminables guerras que fueron mermando inexorablemente las arcas del reino.

De este modo las cuestiones internas fueron pervirtiendo cada vez más la situación, provocando así las sucesivas bancarrotas y acrecentando la ya pobreza endémica de la población española.

Esta falta de coordinación presente durante todo el Siglo de Oro fue criticada incluso por los máximos representantes intelectuales. Francisco Quevedo, por ejemplo, describió así en verso la lamentable trayectoria seguida por el oro americano:

«*Nace en las Indias honrado
donde el mundo le acompaña,
viene a morir en España
y es en Génova enterrado*».

Sumado al conflicto administrativo se encontraba el siempre incómodo tema de la piratería que, si antes del descubrimiento de América se limitaba a la costa mediterránea (con las frecuentes incursiones berberiscas), ahora también se extendía al Atlántico. Los ataques se dirigían tanto contra las colonias americanas, como contra los buques que transportaban las riquezas, y a veces llegaban hasta los puertos donde estaba previsto que estas fueran descargadas.

El problema de la piratería no solo afectaba a las pérdidas económicas directas ocasionadas por el abordaje de los cargueros americanos, sino que también crearon una fuerte inestabilidad comercial en el Nuevo Mundo. Incursiones, como las del astuto pirata John Hawkins, sirvieron para que montara su propia red comercial con los productos procedentes de las rapiñas.

Otro ejemplo es el de Francis Drake, que contaba además con el beneplácito de la corona de Inglaterra donde terminó labrándose un futuro político gracias a su carrera corsaria. Este mecenazgo por parte de la potencia europea ocasionó graves crisis diplomáticas e históricas. La consecuencia es que Drake era un héroe para los ingleses y un peligroso criminal para los españoles.

Tanto los corsarios, como los piratas, bucaneros y filibusteros, contribuyeron decisivamente a la pérdida económica en el ámbito marítimo. La monarquía se vio obligada a redoblar los impuestos y el número de hombres destinados a la seguridad.

Las finanzas de Felipe II

En el año 1556, Carlos I de España y V de Alemania, consciente de la carga que le suponía el imperio, reparte el control de su dominios entre su hermano Fernando y su hijo Felipe. Era lógico que Fernando heredase los territorios germánicos, ya que fue en ellos donde había representado al César. Felipe por su parte, como sucesor directo, recibió el resto de la herencia que incluía los territorios hispánicos donde desde su adolescencia había sido regente de su padre.

Felipe heredó un vasto territorio en el que se incluían las no menos inmensas deudas, consistentes en préstamos cuyo interés había crecido hasta límites insospechados. Del mismo modo, las potencias enemigas de su padre no cambiaron su política con la llegada de Felipe al

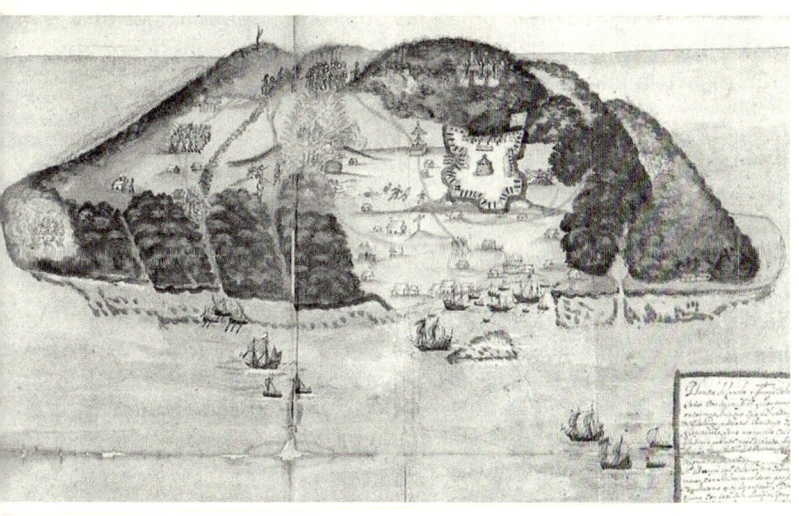

trono, incrementándose aún más las obligaciones contraídas con sus prestamistas.

El gobierno se vio forzado a renegociar con sus arcas hipotecadas, así que no pudo remediar la bancarrota de 1557, anunciada un año antes por el contador de finanzas reales Luis Ortiz.

En realidad esta quiebra planteó siempre ciertas dudas. Pareciera más bien que fuera una estrategia financiera para eludir las deudas con los banqueros del reinado anterior. De hecho, este cerrojazo por parte de Felipe II hizo que los Fugger cayesen irremediablemente en picado en el mundo de la banca.

A pesar de ello, la falta de dinero persistió largo tiempo, paliándose en su mayor parte con los impuestos castellanos que, como siempre, oprimían más a las clases más desfavorecidas. La pobreza aumentó en paralelo con la postura ofensiva que el llamado «rey prudente» había emprendido justificándose desde el plano de la religión. Se empeñó en diversas guerras, perfectamente evitables, que tenían como objetivo la defensa de la fe.

Todas sus obras estuvieron siempre en peligro de no realizarse, incluyendo la más ciclópea, la construcción del Real Monasterio de San Lorenzo, en el pueblo madrileño de El Escorial. Se calcula que, hasta la muerte del rey, se gastaron en las obras unos seis millones de ducados, una cantidad notable para un tiempo en el que las finanzas no eran especialmente boyantes.

Doble página anterior:
Los ataques de corsarios y piratas mermaron las arcas de la hacienda Española durante el Siglo de Oro. Francis Drake (izquierda) o Walter Raleigh (derecha) llegaron ser altos cargos de la Administración inglesa durante el reinado de Isabel Tudor. Los más «ilegales» utilizaron la isla caribeña de la Tortuga como base de operaciones, desde donde atacaban fácilmente a las carracas y galeones españoles.

Capítulo II

LA VIDA DIARIA EN EL SIGLO DE ORO

En el hogar

La vida doméstica durante el Siglo de Oro no fue diferente en lo esencial a la de tiempos precedentes, aunque lógicamente hay aspectos particulares que la diferencian. En ciertas cosas se experimentó una evolución y en otras algún retroceso, algo que ha sucedido frecuentemente en la historia.

Posiblemente el cambio más importante fue el que sufrieron las viviendas madrileñas tras establecerse la Corte de Felipe II en la que sería a partir de ahora capital de España. Por ejemplo, se decretó una norma por la que todos los vecinos de la villa que tuviesen una casa de más de dos plantas estaban obligados a ceder una al estado para alojar a todos los funcionarios de la Corte en ellas.

Como podemos imaginar, los madrileños no aceptaron de buen grado aquella decisión, pero no les quedó más remedio que ceder. La consecuencia fue que a partir de entonces (y por miedo a quedarse sin buena parte de ella) se construían muchas casas concebidas «a la malicia». O sea, mirando la fachada, parecían tener un solo piso, aunque realmente en el interior había dos.

En general, los hogares no tenían retrete en su interior, por lo que cuando se necesitaba se acudía a patios y corrales —cuando no a la propia calle— que hacían las veces de letrina. Respecto al aseo personal baste recordar el refrán de aquella época que rezaba, «*De los cuarenta para arriba, no te mojes la barriga*», y es que el baño se circunscribía a unos cuantos chapuzones veraniegos allí donde hubiese un río u otro lugar donde remojarse. A falta de bañadores, las muchachas se bañaban con la camisa, en realidad una especie de «camisón» cuya función era puramente formal. Al mojarse evidenciaba todo lo que debiera ocultar.

El ambiente estaba cargado de un característico tufo debido a la falta de higiene. Hay que tener en cuenta que los pobres eran poco amigos del agua, debido a que el aseo personal se tenía por costumbre de moros y judíos. Para contrarrestarlo, los ricos se perfumaban con productos aromáticos procedentes de los lugares más exóticos de reino. La mezcla era harto empalagosa.

Un capítulo importante estaba constituido por los medios utilizados para combatir el frío. Los más pobres lo hacían durmiendo en las cuadras para aprovechar el calor de los animales, mientras que quien tuviese dinero para pagarlo cubría las estancias de su casa con tapices.

En algunas casas de Castilla existían las llamadas «glorias», un sistema de calefacción heredado de los ingeniosos *hipocaustos* romanos. Gracias a ellas, se podía calentar el hogar dotándole de un falso suelo en el que había una cámara por la que circulaba el aire caliente procedente de las chimeneas cuando estaba encendido el fuego.

El riesgo de incendios era permanente. Los candiles, velas y hachas (cirios grandes) eran las únicas formas de iluminación que se empleaban y estaban siempre en peligro de sufrir cualquier tipo de

Una parte del sistema de alcantarillado y calefacción (*hipocaustos*) en la ciudad romana de Segóbriga, Cuenca, precursor de las glorias castellanas.

incidente que desencadenara un desenlace fatal. No había un sistema eficaz de suministro de agua para sofocar los frecuentes incendios.

La gastronomía sí sufrió un cambio sustancial. A raíz del descubrimiento de América llegaron nuevos alimentos que, salvo el tomate (en un principio considerado venenoso), tuvieron no solo una buena acogida, sino que se convirtieron en indispensables en la dieta de muchos españoles. La patata, por ejemplo, se transformó en el recurso más socorrido en los momentos de necesidad.

La base de las comidas seguía estando en las diversas carnes (quien pudiese pagarlas), limitando el pescado y los huevos a la cuaresma. Mientras tanto las verduras y las ensaladas quedaban para acompañamientos o como plato ideal para las romerías veraniegas. La fruta lógicamente se reducía a la de temporada y no solo eso, sino que como pasaba con el resto de alimentos, dependían de lo lejos o cerca que se estuviese de los centros donde se producía. Como consecuencia las enfermedades reumáticas y la gota se cebaban en la población.

Un detalle importante a la hora de analizar la gastronomía del Siglo de Oro estaba en la diferencia culinaria entre las distintas clases sociales, no solo por una cuestión económica sino por diversas y sofisticadas razones protocolarias.

Los pantagruélicos menús con los que se atiborraba el rey no se cocinaban solo pensando en el monarca sino que existía toda una cohorte de funcionarios que esperaban las sobras de comida, por ser un alto honor comer de lo que el rey había tocado o despreciado.

Gran importancia tuvieron los postres de arroz con leche y los dulces basados en natas y anises, a los que se añadió y popularizó rápidamente el consumo del chocolate procedente del Nuevo Mundo.

En la Universidad

No nos ocuparemos por ahora de la importancia cultural que tuvieron las grandes universidades españolas entre las que destacan las de Salamanca, Alcalá, Baeza, Valladolid..., y otras de las tantas que se fundaron en América. Vamos a conocer primero el mundillo interno de estas instituciones.

Pese a que ya existían centros de estudios a medio camino entre colegios y universidades en Palencia, a los que habría que añadir instituciones similares nacidas en la Córdoba del siglo XI, la universidad española, tal y como la conocemos hoy nace con la fundación de la de Salamanca.

En pleno renacimiento el mundo universitario cambió con la llegada del Cardenal Cisneros, quien con el apoyo de los Reyes Católicos consiguió llevar a cabo un proyecto de ciudad universitaria en la que se formarían los futuros funcionarios del reino. Este plan además hacía de ella un mundo aparte, con sus propias normas y leyes. Finalmente el que fuera dos veces regente pudo completar su proyecto con la creación de la Universidad Complutense en Alcalá de Henares (la antigua ciudad romana de *Complutum*).

La organización universitaria tenía sus peculiaridades, como por ejemplo el nombramiento del Rector, una figura cuya elección no siempre respondía a razones intelectuales o administrativas. Las más de las veces se trataba de un cargo netamente político ocupado por personajes como el Conde Duque de Olivares (nombrado rector de la Universidad de Salamanca cuando contaba tan solo con dieciséis años).

Con esa edad más o menos llegaban los estudiantes, bien como becados o bien como enviados por familias lo suficientemente pudientes como para pagarles los estudios. Al ingresar, la mayoría de los jóvenes alumnos tenía que sufrir las novatadas típicas a las que les sometían los ya veteranos. Se cuenta que una de estas víctimas fue el propio Francisco de Quevedo, quien en Alcalá fue engañado vilmente y terminó colgado en un cesto, en plena fachada complutense.

Fruto de ello fue que el satírico autor incluyera en su novela *Historia de la vida del Buscón llamado Don Pablos* buenos ejemplos de las peripecias universitarias (a veces autobiográficas) que se vivían tanto allí como en los colegios mayores. La institución se transformó en un lugar bullicioso a cuyo entorno no tardaron en llegar las tabernas y las mancebías.

Las ceremonias internas eran reseñables, sobre todo a la hora de adquirir el doctorado. Como si fuese un caballero, el estudiante pasaba la noche antes de la presentación de su tesis velando los libros, ayudándose además con supersticiones como la de colocar los pies sobre la tumba de Juan Lucero. Esta era costumbre de los estudiantes de Salamanca que suponían que así adquirirían la sabiduría de este obispo. En Alcalá, otro ejemplo, se tomaban trocitos de piedra del sepulcro del Cardenal Cisneros como amuleto que ayudaba en la presentación de la tesis.

Llegada la prueba, el lance no era nada sencillo. Toda la defensa se hacía en latín y en presencia de todos los profesores y alumnos que quisiesen asistir, con el consiguiente alboroto. Cada miembro del tribunal sometía al alumno a una pregunta y este tenía que responder con la suficiente entereza como para no caer ante el acoso de otros dos profesores que hacían la función de ángel y demonio tratando de ponerle nervioso y confundirle.

Si suspendía (como fue el caso de San Ignacio de Loyola), era sometido a todo tipo de burlas. En la Complutense, por ejemplo, se le ponía unas orejas de asno y se le sacaba por la puerta de los burros. Después recibía la llamada «nevada alcalaína», consistente (como dice

Quevedo) en una desagradable lluvia que consistía en «aparejar a gargajos» al pobre suspenso.

En el caso de tener éxito, la cosa podía ser aún peor, ya que por tradición los alumnos aprobados estaban obligados a invitar a una fiesta monumental al tribunal examinador. En el convite no podía faltar un toro que lidiar y un buen guiso hecho con la carne del lidiado. Y aunque pareciese que el tribunal aprobaba o suspendía en función de la fiesta posterior, en ocasiones también pasaban alumnos pobres, que se veían en la obligación de mendigar para conseguir el dinero suficiente para sufragar el «exceso». Pedían con un gorro, por lo que nació el popular apodo de «gorrones».

Finalmente, con la sangre del toro como pigmento se pintaban los «Vítores», aún visibles hoy en universidades como la de Baeza. Las «pintadas» conmemoraban los estudios del alumno que por fin alcanzaba a doctorarse.

Un «Vítor», símbolo que también fue mal utilizado por Francisco Franco, para significar su «victoria».

Curiosamente, en pleno Siglo de Oro comenzó a circular una leyenda en la que se contaba que paralelamente, y al margen de toda escuela oficial, existía una universidad secreta en la que se enseñaba a los alumnos todos aquellos conocimientos que no se impartían en las oficiales. En Salamanca estaría su sede principal, dirigida por el mismísimo Satanás que, limitando el acceso a solo siete alumnos anuales, se cobraba sus enseñanzas diabólicas con el alma de uno de ellos.

Al margen de estas fábulas, poco se sabe de la veracidad de su existencia, aunque lo cierto es que varios investigadores la han ubicado en la cripta de la desaparecida iglesia de San Ciprián (hoy plaza de Carvajal), de donde derivaría el nombre de las «Cuevas de San Ciprián o Cebrián». Un santo muy oportuno, ya que en su mocedad y antes de ser un cristiano como Dios manda fue

Acceso a la *Cueva de Salamanca,* un lugar donde se dice que el diablo estableció una universidad de lo oculto a cambio del alma de alguno de sus alumnos.

un infiel de pura cepa que tenía incorregibles costumbres paganas como la de escribir no pocos grimorios y todo tipo de conjuros, pócimas e invocaciones. Su obra formaba parte de los misteriosos temarios transmitidos por Satanás en su particular universidad salmantina.

Si existió o no un centro universitario paralelo a la ilustre universidad de Salamanca, nunca lo sabremos. Posiblemente se tratase únicamente de reminiscencias de antiguos antros en los que se impartiese algún tipo de conocimiento pagano o prohibido, o simples fábulas estudiantiles. Lo que sí se puede llegar a deducir de toda esta leyenda es que alcanzar ciertos conocimientos ocultos nos puede costar muy caro. Y sino, que se lo pregunten a don Juan de Atarrabio, uno de los míticos estudiantes que a la hora de rendir cuentas, y en un intento por engañar al propio demonio, perdió la sombra en vez del alma, viviendo atormentado el resto de su vida por tan significativa carencia.

Las fiestas

Procesiones. Dependiendo de un lugar u otro, las fiestas religiosas tenían diferentes matices, aunque por lo general y la gran influencia del reciente concilio de Trento, el culto a las imágenes y sus consiguientes ritos proliferaron como nunca en España. De hecho las tallas más conocidas de la actual Semana Santa fueron realizadas en pleno Siglo de Oro de mano de artistas geniales como Gregorio Hernández.

Como en las otras corrientes estéticas tendieron hacia un realismo desgarrador, incorporando materiales como la resina para simular mejor la sangre de los Cristos, o el cristal y el marfil para los ojos vidriosos de las Marías Magdalenas. De hecho se alcanzó tal punto que algunos sevillanos llegaron a reconocer en el Jesucristo, tallado por Francisco Antonio Ruiz Gijón, a un gitano asesinado en Sevilla cuyo apodo era «el Cachorro», con lo que la imagen es popularmente conocida con este sobrenombre.

Precisamente fue en Sevilla donde estuvo una de las principales escuelas de escultores, entre las que destacó Martínez Montañés a quien llamaban el «Dios de la madera». Su buena mano era tan conocida que, cuando su amigo Velázquez estaba haciendo la estatua ecuestre de Felipe IV, le llamó para que viajase a Madrid para modelar la cabeza del rey.

También fue en la capital hispalense donde inició su aventura artística el controvertido Alonso Cano. Este granadino, que había sido compañero de escuela de Velázquez (ambos se educaron en casa de Francisco Pacheco), no quiso cernirse solo a la pintura y el dibujo, sino que sus aspiraciones artísticas iban mucho más allá. Pronto se interesó por la escultura e incluso por la arquitectura, convirtiéndose así en el ideal de artista completo que conseguía gran calidad en todo aquello que emprendía. Pero al igual que había sucedido con otros artistas, su talento con las artes solo fue equiparable con su destreza con las armas, tanto es así que siendo adolescente se vio envuelto en un duelo con el pintor Sebastián Llano y Valdés, al que infringió un certero golpe en la mano que acabó así con su carrera artística. Años más tarde se le acusó también de la muerte de su segunda esposa, Magdalena Uceda, aunque nunca se probó su culpabilidad en aquel caso.

Volviendo a la imaginería del barroco hay también que destacar a Francisco Salzillo y a Pedro de Mena. Estos artistas fueron complicando su obra cada vez más, perdiendo la sobriedad del estilo original en pos de formas cada vez más complejas y de mayor fuerza dramática. En multitud de casos la propia escultura religiosa se vio influida por los ingenios y tramoyas escénicas del teatro, dando paso a la aparición de esculturas articuladas.

Aunque el Corpus Christi era quizás la menos religiosa de todas las procesiones, su aparataje y pomposo ritual la convertía en una fiesta más lúdica que sacra. En principio iba precedida por la Tarasca, una especie de dragón o bestia infernal que representaba el mal y el pecado y que gracias a unos mecanismos podía extender el cuello para sobrevolar con su cabeza a los pasmados espectadores.

Como esta procesión tenía un carácter didáctico, el dragón (es decir el mal) estaba coronado por una mujer que representaba la soberbia y la lujuria. Para ello tenía que ser exageradamente presumida y ser adornada con tal primor que acabó por convertirse en el referente para el desarrollo de los estilos estéticos de modistos y peluqueros durante el resto del año. Se convertía así la procesión en una especie de pase de modelos, lo que quedó latente en esta coplilla:

«Si vas a los Madriles
El día del Señor
Tráeme de la tarasca
la moda mejor».

En el Siglo de Oro, los pasos de Semana Santa alcanzaron un gran realismo, que les dotó de extraordinaria fuerza dramática, como en este momento de la Crucifixión. Museo Nacional de Escultura, Valladolid.

Los toros. La ancestral costumbre de lidiar toros en España hunde sus raíces en los anales del tiempo, aunque lo que es evidente es que fue precisamente entre los siglos XVI y XVII cuando la ceremonia-espectáculo alcanzó su mayor gran auge social.

Por lo general las corridas de toros se celebraban en días festivos, pero en grandes ciudades como Madrid, la costumbre se extendía con ocasión de eventos especiales, como la llegada de algún alto dirigente a la Corte, natalicios de la casa real, etc.

Para ello se construía un graderío, suficientemente grande como para asentar a todo el público posible. En el caso madrileño se alzaba en torno a la Plaza Mayor, donde cada espectador pagaba su entrada. Con la recaudación se cubrían los gastos del material y de los carpinteros encargados de la construcción de los tendidos. Si el espectador contaba con suficientes posibilidades económicas, podía alquilar o incluso tener en propiedad uno de los muchos balcones de la plaza para asistir a los eventos. El resto de la casa seguía perteneciendo a sus dueños.

Si las gradas se pagaban con la aportación de los asistentes, el resto de gastos era cubierto con las multas puestas por los alguaciles y demás agentes de la Corte, que en estas fiestas ocupaban un papel fundamental. Además de encargarse de mantener el orden entre el público, tenían la obligación de enfrentarse con el toro si este les acometía estando en la arena. Estéticamente la figura del alguacil ha permanecido intacta en épocas posteriores, lo que explica las barrocas vestiduras que siguen utilizando en los actuales cosos taurinos.

Fragmento de un grabado del siglo XVI, en el que se ilustra una corrida de toros, atribuido a Hans Collaert el Joven.

Desde luego, tener tranquilos a los aficionados tampoco era tarea sencilla. Lo prolongado de las corridas hacía que en algunas ocasiones (así le sucedió al Conde Revilla) hubiese muertes por insolación. Existían numerosas alternativas para combatir el agobio; los soportales de la plaza mayor se llenaron de tabernas en las que picar algo. Aquellos que veían la corrida desde su balcón lo tenían más fácil, dependiendo de sus relaciones con los dueños de la casa.

Previamente a la corrida y en las calles aledañas se preparaba un corral que hacía las veces de toril, al que los toros eran conducidos a través de las calles en un particular encierro. Allí permanecían hasta que llegaba la hora de la lidia.

El espectáculo taurino era sustancialmente diferente al actual. La figura principal (heredada de la tradición medieval) era el caballero que, dependiendo de la fiesta, podía enfrentarse al toro o realizar ante el público determinados juegos, como el de las Cañas u otros lucimientos.

Los caballeros, por lo general nobles, desempeñaban un papel parecido a los actuales rejoneadores, aunque tampoco estaban exentos de llevar toda una cohorte de escuderos que les ayudaban en la faena.

La indumentaria, como en la mayoría del ritual, estaba directamente relacionado con el ideal caballeresco medieval. Había gestos y detalles para con la amada, por ejemplo. La fiesta taurina se convertía en todo un protocolo en el que el rey tenía siempre la última palabra.

Determinados Austrias tuvieron especial predilección por los toros y acudían frecuentemente a ellos. De Felipe II se cuenta la anécdota que siendo un niño asistió en Valladolid a un corrida en la que un toro empitonó a un hombre, provocándole un pasmo. La reina ofendida por la falta de arrojo de su hijo, le reprendió fuertemente, hasta que un cirujano de la corte comentó humorísticamente a la reina que el príncipe aún era un niño y que él a su edad también era una persona temerosa, aunque desde que era cirujano no le tenía tanto respeto a la muerte…

Con Felipe III, y con su inseparable duque de Lerma, se instauraron los toros en Madrid. De hecho fue en la finca de este último, donde se tiene constancia de las primeras lidias madrileñas. Pero seguramente cuando la tauromaquia alcanzó su mayor apogeo fue en tiempos de Felipe IV. El mismísimo rey saltó alguna vez a la arena, o como sucedió en el Retiro, le dio matarile a un toro con un arcabuz.

Verbenas y romerías. Con el final del invierno y la llegada del buen tiempo, las festividades cambiaban. En la primavera y el verano, las celebraciones religiosas adquirían un carácter más distendido mezclándose antiguas reminiscencias paganas con alegres costumbres que aderezaban las fiestas.

Tanto las romerías como las verbenas implicaban salir al campo, por lo que la mayoría de estas fiestas se asociaban con un día al aire libre en el que había tiempo para rezar, comer, beber, bailar y quien tuviese suerte…, algo más.

En Madrid, las verbenas se celebraban en torno a las diferentes ermitas que se distribuían en la ribera del río Manzanares; de hecho la más sonada de todas ellas se hizo oficial en 1621 con la canonización de San Isidro Labrador.

Precisamente este era el santo con el que comenzaba el tiempo festivo, que duraba aproximadamente desde mediados de mayo a mediados de septiembre. Se conmemoraban fastos de trasfondo agrario o natural, relacionados con la recolección de determinadas hierbas. Fue precisamente una de ellas, la verbena, la que dio nombre al evento, que se hizo extensivo a muchos otros.

La afición a la recogida de hierbas en ciertas fechas se potenciaba en la noche de San Juan, cuando incluso en las grandes ciudades como Madrid era costumbre decorar con ramas verdes los balcones de la chica a la que se pretendía enamorar. Del mismo modo las jóvenes podían saber algo más sobre su futuro amoroso gracias a ciertos ritos que solo tenían sentido esa noche, por ejemplo mirando el reflejo de su rostro en un barreño de agua a la luz de la luna. Tan afamada fue esta celebración mágica que el propio Lope de Vega le dedicó una de sus obras.

El carácter floral y vegetal de los actos modificaba incluso el nombre de algunos santos que, como en el caso de Santiago, Madrid le añadió el sobrenombre de «El verde». Era frecuente que en las celebraciones en su honor se organizaran importantes revuelos.

Como en todas aquellas romerías o fiestas que implicaban un galanteo social, eran tan frecuentes los lances amorosos como las peleas entre bravucones. Los disturbios empezaban con la dificultad de adquirir un buen carruaje con el que lucirse y por cuyo alquiler el día de

San Isidro Labrador, patrón de Madrid.

la verbena se pedían y pagaban importantes sumas de dinero. Una vez en el Sotillo (o en cualquier otro lugar cercano), con la inestimable ayuda del vino surgían conflictos en cualquier sitio.

Tampoco las casas eran lugares tranquilos para aquellos que acudían a la verbena, pues solían aumentar en esas fechas los robos, hurtos y rapiñas que aprovechaban la ausencia de los vecinos.

Ante tanta violencia se cancelaron algunos festejos, consiguiendo con ello aumentar aún más la actividad de los revoltosos en desacuerdo. Finalmente se asumió el problema y las fiestas continuaron hasta que el Papa Urbano VIII tuvo que tomar cartas en el asunto suprimiendo diecinueve de las tantas que se celebraban en aquel Madrid de 1643.

El teatro

Pero si había algo omnipresente en las fiestas del Siglo de Oro era el teatro. En sus comienzos las actuaciones tenían lugar solo en fechas destacadas, pero dado el éxito que iban adquiriendo las representaciones no tardaron en hacerse periódicas, llegando prácticamente a la frecuencia semanal. Se tenían en cuenta ciertas fechas de recogimiento como la cuaresma, en la que no se cancelaban del todo, sino que la temática se cambiaba por temas religiosos como los autos sacramentales u otras obras de carácter sagrado, destacando las escritas por Calderón de la Barca.

En cualquier caso, y más allá de argumentos o de la riqueza estilística de las obras, el teatro tenía su propio mundo interior.

Dependiendo de las ciudades las obras se representaban en según qué lugares; Granada por ejemplo fue una de las pioneras en dedicar al teatro un edificio específico, pero en ciudades como Madrid las obras se representaban incluso en el propio Alcázar.

Sin movernos de la villa y Corte podríamos hablar de sitios como el actual Teatro Español, antes llamado del Príncipe y más antiguamente conocido como el *Corral de la Pacheca*, porque su estructura era la propia de una corrala de vecinos.

En el patio se colocaba el escenario, formado en ocasiones por los carros de los comediantes. Ante él la «cazuela» separada por el «degolladero», el área limitada a los mosqueteros. En la primera se colocaba una serie de bancos, cuyas localidades eran más caras, generalmente ocupadas por mujeres.

El degolladero no era otra cosa que una viga de madera situada a la altura del cuello que limitaba la entrada de los espectadores de segunda, también llamados mosqueteros, que tenían una importancia vital como veremos después.

En torno al patio se distribuían una serie de balcones y más arriba las buhardillas o desvanes protegidos con celosías, que eran ocupados principalmente por aquellos espectadores cuya presencia en el teatro no era bien vista (como algunos religiosos) o simplemente personajes que precisaban cierta intimidad (como el propio Felipe IV, gran aficionado al teatro…, y las actrices.)

No por ser un espectáculo cultural era menos conflictivo que otros eventos, y por ello era necesaria la presencia de un alguacil. Le era imposible controlar a los asistentes que entraban sin pagar, pero al menos sí se encargaba de velar por el orden, ya que al ocupar estos plazas que no eran suyas se formaban revuelos que a veces degeneraban en conflictos que acababan a estocadas en pleno teatro.

Su presencia era de tal importancia que en determinadas ocasiones eran ellos quienes daban la orden para que comenzase la función. Esta oscilaba según la temporada, pero generalmente comenzaba por la tarde para acabar antes de anochecer.

Por lo general las obras empezaban con la loa, que no era sino una alabanza al público, sobre todo al más conflictivo, los mosquetes. Este colectivo, pese a tener una denominación militar, eran solamente hombres que por falta de espacio veían la obra de pie, y de cuya paciencia dependía en buena medida el éxito de la obra.

Acto seguido y siguiendo los patrones instaurados por Lope para organizar las comedias, la obra comenzaba con el primer acto, para poco después añadirle, según conviniese, alguna pieza breve entre acto y acto, los entremeses. Cervantes se hizo todo un experto en crearlos. Mientras tanto, el público podía aprovechar para tomar los dulces y frutos secos que se vendían en el mismo teatro.

Entre las aficiones más extravagantes de los asistentes estaba la de la propia reina Isabel de Borbón que, para deleite suyo y «faena» para el público, se dedicó en alguna ocasión a lanzar ratones a las mujeres de la cazuela ocasionando así un gran desorden.

Al terminar el tercer y último acto empezaban las ovaciones, controladas sobre todo por los mosqueteros, que organizados en cuadrillas gremiales decidían con sus maestros si la obra era o no digna del

Vista del Corral de Comedias de Almagro. Cuatrocientos años de historia del teatro desde su construcción en 1629 por iniciativa de Leonardo de Oviedo, presbítero de la iglesia de San Bartolomé el Viejo. Costó cinco mil ducados. Allí estrenó la compañía de Juan Martínez el mismo año.

«vítor» (antecesor del actual «¡bravo!»). Si merecía el escarnio, había tres modalidades de abucheo: «el silbido», (del que se queja Lope de Vega, diciendo que era una costumbre propia de animales); en un rango inmediatamente inferior estaba «la hortaliza», consistente en el lanzamiento de todo tipo de verduras; y en la más baja consideración, «el edificio», consistente en lo mismo pero con yesones y escombros.

Ante tal panorama no era extraño que se sobornase a los cabecillas de los mosqueteros, que no siempre aceptaban tales ofertas. En cualquier caso las propias compañías de teatro también tenían sus métodos de defensa con peculiaridades.

En primer lugar había que hacer toda una campaña publicitaria con carteles anunciando las obras, destacando no solo el autor como hoy día nos podríamos imaginar, sino la intervención de actrices tan destacadas como fueron María Inés de Calderón, «La Calderona», Jusepa Vaca o María Riquelme. Frecuentemente estaban casadas con el director de la compañía teatral. No menos importantes eran los actores como Juan Rana, que amasó una suculenta fortuna con el teatro y no era para menos, pues su talento le proporcionó personajes y obras a medida escritas por Moreto, Benavente o Calderón.

También eran necesarios los músicos, con los que Lope de Vega llegó a hacer alguna obra cantada (aunque no queda claro que fuesen obras cantadas en su totalidad o en solo algunos fragmentos musicales). Los tramoyistas hacían

María Inés de Calderón, la Calderona, una actriz del Siglo de Oro.

verdaderos ingenios para determinadas obras, destacando Julio César Fontana, escenógrafo de *La Gloria de Niquea* del Conde de Villamediana. Al final la tendencia a abusar de los ingeniosos artificios hacía que la atención del público recayese más sobre la tramoya y los efectos especiales que sobre el propio argumento. Sin embargo también hubo representaciones austeras en las que el entorno o las situaciones eran creadas con recursos más sencillos como cambios de vestuario.

Los ropajes no siempre fueron del agrado de todos los autores, pues cuando se representaban episodios históricos se solían descontextualizar provocando situaciones risibles como nos cuenta Lope de Vega, al hablar de romanos vestidos con calzas.

No menos interesante era el problema de la autoría de muchas de estas obras, que a falta de derechos reconocidos para su creador circulaban de mano en mano sufriendo cambios o aportaciones a los textos originales. Por eso desconocemos en la actualidad el contenido original de muchas de las obras.

Las tabernas y la gente de mal vivir

La afición por las tabernas tuvo también su importancia en el Siglo de Oro, en el que proliferaron estos locales, aunque no eran los únicos sitios donde se servía vino. También estaban las posadas y las ventas (tan presentes en *El Quijote*). Estos lugares estaban diseñados para hospedar a aquellos viajeros que recorrían largas distancias y para ello ofrecían todos los servicios de comida, bebida y cama…, en su más extenso sentido.

El vino era el gran protagonista en estos lugares. En la Corte se dividían en dos categorías, «los preciosos» y «los ordinarios». En la primera entraban los vinos de San Martín de Valdeiglesias y Cebreros, cuyo elevado precio le daba nombre a su categoría de «preciosos», pero no solo eso. El de San Martín era tan afamado que los propios médicos lo recomendaban como remedio para muchos males, tanto es así que se le llegó a llamar «vino santo» o «vino devoto».

No obstante por muy buena prensa que tuviese el producto, no era necesario hacer lo que hizo un tabernero de Madrid cuando se dedicó

El Almuerzo, 1617, óleo de Diego Rodríguez de
Silva y Velázquez, el más grande artista de su tiempo.
Museo del Hermitage, San Petersburgo.
Una escena de la vida cotidiana del Siglo de Oro que reúne a
tres personajes en torno a una mesa, posiblemente en una
taberna de entonces. Al parecer, los modelos que posaron
para las figuras del hombre mayor y el que tiene en frente fueron
contratados también para representar a San Pablo y Santo Tomás.
Como vemos, están simbolizadas las tres edades del hombre y es
de destacar el extraordinario realismo, tanto del pan como de los
mejillones y del vino .

a «bautizarlo», o sea vender vino aguado, por lo que fue sancionado el 20 de octubre de 1623, según los avisos de la época.

En la categoría de vinos ordinarios, estaban aquellos caldos que se hacían en las inmediaciones de Madrid, como Arganda, Vicálvaro, Fuencarral o Carabanchel..., que se hicieron famosos por su proximidad a la Corte, pero de igual calidad podrían ser otros tantos vinos procedentes del resto del reino.

No muy lejos de las tabernas se solían encontrar las mancebías o casas públicas, abundando sobre todo en ciudades como Burgos, Valladolid, Madrid, Toledo, Córdoba, Sevilla, y Granada, aunque en su mayoría estaban perfectamente regidas y controladas por el gobierno. De hecho en tiempos de Felipe II se dictó una normativa por la que toda muchacha que decidiese ejercer la prostitución tenía previamente que cumplir unos requisitos y escuchar una plática moralizante dictada por un juez, que en el caso de no lograr persuadirla de su empeño le otorgaba la acreditación necesaria para ejercer el viejo oficio.

Su quehacer estaba perfectamente controlado con una serie de normativas y legislaciones que velaban hasta por el más mínimo detalle, como era las prendas con las que tenían que vestir, cada vez más austeras y discretas, como mantones marrones cuyos picos dieron origen a la expresión «irse de picos pardos».

Las mancebías estaban regentadas por un «padre» o una «madre» que se encargaba de la organización de las muchachas, aunque los alguaciles solían presentarse por aquellas casas para procurar que todo estuviese en orden.

En cualquier caso, con alguaciles o sin ellos, las mancebías solían ser lugares conflictivos. Este problema, sumado a los arrebatos devocionales que sufría Felipe IV, hizo que el gobierno decretase una ley antilupanar, cerrando así numerosas casas públicas, con la consiguiente convulsión popular que se oponía de lleno a tan drástica medida. De hecho una de las voces que se alzó en contra de aquella decisión fue el franciscano Fray Pedro Zarza, que alegaba en su discurso que había «mayores males en su prohibición que los que producían las casas de mancebía»

A pesar de que las críticas del fraile cayeron en saco roto, sus previsiones se cumplieron a rajatabla. La prostitución clandestina aumentó, y con ello los problemas que degeneraron en más violencia de la que había en un principio.

No menos conflictiva resultaba otra de las costumbres de aquel entonces, el juego, que inició su apogeo en tiempos de Felipe III. En aquel entonces también se le llamaba «ciencia de Vilhán» que era una especie de ser mitológico a medio camino entre lo demoniaco y lo satírico cuya obra culmen había sido la baraja. A Vilhán se le atribuían los orígenes más variados, desde que era mahometano a que había nacido en Sevilla o en Madrid. Tan respetado era este personaje que las ganancias que se apostaba en el juego era llamadas «los bienes de Vilhán» y entre ellos podía haber importantes sumas de dinero, como los 30.000 mil ducados que ganó el conde de Villamediana. También se apostaban todo tipo de objetos como camas, carruajes e incluso los propios cocheros.

Los juegos de naipes se repartían entre numerosas modalidades, como el *Matacán*, *Siete y llevar*, *Primera*, y el más famoso de todos, *El juego del hombre*. Para todos ellos estaban dispuestas las «casas de conversación» donde se organizaban partidas y apuestas aderezadas con pequeñas actividades de entretenimiento y concursos.

También había otros locales ilegales destinados a estas artes, que pusieron en sobreaviso a las autoridades para realizar con cierta frecuencia batidas por tales antros controlando a los jugadores ilegales. Para pasmo de los alguaciles, el 26 de Octubre de 1625 fue pillado el alguacil Pedro Vergel, junto con otros tantos facinerosos entre los que estaban Juan Gavira, Pablo Arias, y un tal Chacón.

Capítulo III

LA MISERIA Y EL MIEDO

Pobreza, pestes, despoblación y mendicidad

Revisando los antecedentes de la situación de la miseria en España desde la llegada de los Reyes Católicos, encontramos un aumento coincidente con el comienzo del reinado de Carlos I.

Como hemos visto anteriormente, la revolución comunera demostró el creciente problema económico al que se enfrentaba España. El endeudamiento externo y la suspensión de privilegios con los que anteriormente contaba Castilla hicieron que, durante el Siglo de Oro, hubiera un continuo agotamiento de las tierras y las gentes castellanas.

La ganadería, que tan grandes beneficios había proporcionado gracias a la lana, fue poco a poco olvidada. Sin embargo cuestiones sociales absurdas, como mantener los privilegios de la hidalguía, comenzaron a generalizarse. Así, una ingente cantidad de personas fue a aumentar el grupo de personas improductivas para la sociedad. Incluso el colectivo religioso, que aunque independiente no siempre era autosuficiente, comenzó a nutrirse de forma escandalosa con personas que antes trabajaban en el campo.

De todos modos, del siglo XVI se podría decir que tuvo pocas epidemias, o se vio escasamente afectado por enfermedades significativas, cosa que no se puede decir del XVII. La siguiente centuria comenzó con la llamada *peste atlántica*, que entró en España por las costas cantábricas extendiéndose por toda Castilla hacia 1600. El resto del reino no padeció los rigores de aquella primera pandemia, pero quedó tan conmocionado que cuando apareció la *peste milanesa* en 1630, se extendió el rumor que todo era culpa de unos polvos mágicos que vertían en las fuentes hombres pagados por los franceses.

Bien fuese por el miedo, o por otras extrañas razones, las autoridades tomaron cartas en el asunto, llegando a impartir justicia contra unos supuestos responsables que fueron elevados a una categoría social que ha tenido muchos miembros en la historia: «el chivo expiatorio». Ellos (y ellas) son las víctimas de lo inexplicable y tal que así es como se ha tranquilizado frecuentemente a las «gentes de orden».

Más serias fueron las epidemias de 1647 y 1654, que causaron estragos en ciudades como Nápoles, Sevilla, o Murcia, donde murió entre un tercera parte y la mitad de la población, incluyendo víctimas como el escultor Juan Martínez Montañés (cuyos restos son difíciles de encontrar ya que fue enterrado en una fosa común). Al parecer esta epidemia era una variante de la peste bubónica que se extendió por el Mediterráneo desde Oriente.

Estas enfermedades tenían una especial predilección por ciudades populosas, donde la falta de higiene y el exceso de población favorecían su difusión. No solo tuvieron su importancia a nivel demográfico, sino que influyeron también en la temática artística y religiosa. La brevedad de la vida sirvió de fuente de inspiración para multitud de obras, como las terribles escenas pintadas por el sevillano Juan Valdés Leal.

La masificación de las ciudades era un problema. Ya en el *Lazarillo de Tormes* se contaba cómo las clases más desfavorecidas del medio rural huían a las ciudades en busca de mejoras.

La agricultura se abandonó por falta de hombres que partían a la guerra o a destinos más favorables como las Indias. Además, la mayoría de terrenos estaban en manos de hidalgos o nobles a quienes no interesaba su explotación. A esta despoblación se le sumó en 1609 la expulsión de los moriscos en zonas hasta entonces menos deprimidas, como Levante.

La emigración se dirigía hacia ciudades como Sevilla, Valladolid, Madrid o Zaragoza, donde se encontraba la aristocracia y en principio no sería difícil encontrar un trabajo como criado o sirviendo en los oficios más dispares. Sin embargo al llegar a ellas se topaban con la imposibilidad de dedicarse a otra cosa que a la mendicidad o el pillaje, ya que la mayoría de los señores tenía sirvientes de sobra.

Se contaba en Sevilla el caso de un hombre al que se le recriminaba el hecho de tener demasiados criados, cuando en realidad no le hacían falta tantos. Este, muy inteligentemente, respondió que no era él quien necesitaba a los criados, sino los criados a él.

Para colmo de males, desde el poder se trataba la pobreza con cierta ambigüedad. Los diferentes gobiernos la consideraron un problema secundario y desde el punto de vista religioso se aprovechó para universalizar la costumbre de la limosna (no tanto como medida contundente para erradicar el problema, sino más bien como excusa para salvar las almas de los donantes). Tampoco se desestimaba la posibilidad de considerar la pobreza como algo positivo, ya que el Evangelio trataba a los menesterosos como «bienaventurados» y «dichosos».

Miserables, pícaros y delincuentes

La situación en las ciudades se hizo caótica. Había verdaderas legiones de miserables; unos pobres reales y otros fingidos con tal de no trabajar. Por otra parte, como ya hemos dicho estaban los hidalgos que, por la absurda ley de «manos muertas», no podían hacer más esfuerzo que aprovecharse de los demás. A estos se sumaban los hombres de guerra mutilados o heridos que regresaban de Flandes a la Corte en busca de alguna pensión que les ayudase a malvivir.

Si la vida en el medio rural era pobre, en las ciudades se alcanzaba la desesperación. En el Madrid del siglo XVII contrastaban fuertemente el lujo y oropel de la corte con la pobreza absoluta.

En semejante estado de cosas, era lógico el aumento de la delincuencia. Y dada la gran competencia solo era rentable cuando se desarrollaba el ingenio, surgiendo así el curioso fenómeno que llamamos picaresca. Las peripecias descritas en el *Lazarillo de Tormes*, en *El Buscón*, en *Rinconete y Cortadillo* y en tantas y tantas obras, no dejaban de ser un reflejo de la sociedad del momento.

Era el 19 de Julio de 1646 cuando en Madrid se produjo un timo de lo más perspicaz, o así lo denunció un sastre a cuya tienda de telas llegó esa mañana un joven solicitando sus servicios para tomar medidas a los pajes de la casa en la que servía. Sin mayor problema sirviente y sastre llegaron a la susodicha casa donde les esperaban unos

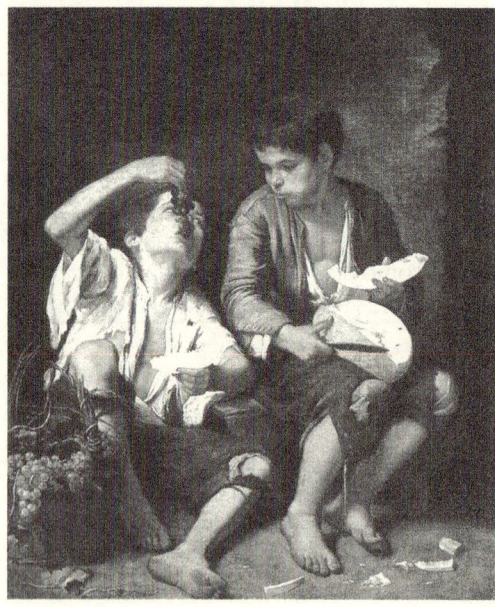

Bartolomé Esteban Murillo, *Dos niños comiendo melón y uvas*, 1650-55. Neue Pinakothek, Munich. Dos pícaros de la época que quizá inspiraron *Rinconete y Cortadillo*.
Era algo típico en aquella época de contrastes entre la opulencia y la más extema pobreza, que obligaba a «espabilar» a los más desfavorecidos.

jóvenes. El sastre comenzó a tomarles medidas, y en plena faena el sirviente encargado del pedido dijo al sastre que si hacía el favor de intercambiarle la capa, pues tenía que hacer un recado y no quería que le reconociesen.

El sastre no tuvo inconveniente, puesto que la capa del sirviente era incluso de mayor calidad que la suya. Pero lo que no se podía imaginar es que a donde iba aquel pillastre era a su propia casa. Llegando allí le dijo a su mujer que su marido estaba en un apuro y necesitaba urgentemente cuatrocientos reales, mostrándole como prueba la capa de su marido. La mujer no lo dudó y le dio el dinero.

El sirviente regresó y diligentemente devolvió la capa al sastre que al llegar a su tienda se percató del engaño. Cuando volvió a la casa donde había estado tomando medidas, nadie conocía a tal sirviente.

Fue el 2 de Junio de 1642 cuando se produjo en Madrid otro robo digno del *Buscón*. El aquel caso el objetivo era la casa de Manuel Cortizo. Se sabía que aquel acaudalado portugués no pasaría la noche en su hogar. El problema es que las ventanas estaban enrejadas y por lo tanto no se podía acceder fácilmente sin que se escucharan sus manipulaciones.

Para solucionarlo, los ladrones contrataron varios coches de caballos cuya única función era galopar alrededor de la casa para ocultar con ello el ruido de los picotazos con los que finalmente arrancaron las rejas para acceder al interior.

Hasta el mismo Alcázar fue víctima de los pícaros, cuando robaron unas cortinas de forma tan ingeniosa que nunca se pudo saber cómo se había producido el hurto. No se descartó la idea de que, ante la gran cantidad de sirvientes que había en palacio, hubiesen ido con toda la tranquilidad del mundo, las hubiesen descolgado y se las hubiesen llevado a la vista de todos.

El mundillo interno del palacio del rey propiciaba situaciones jocosas como en cierta ocasión en ese mismo año, cuando dos desconocidos entraron en plena noche en el dormitorio del rey. Sobresaltado, Felipe IV llamó a los guardias, quienes persiguieron a los extraños hasta que, una vez detenidos, ambos confesaron ser pretendientes de damas de la reina. Intentando cortejar a sus amantes se habían perdido en las habitaciones del Alcázar.

Pero no todos los incidentes se solventaban con tanta diligencia. En una ciudad tan grande para aquella época, donde las calles eran verdaderas ratoneras, caminar de noche podía ser realmente peligroso. El dramaturgo Lope de Vega tuvo un extraño encontronazo en el que se libró de milagro de unas cuantas estocadas. A pesar del profundo espíritu religioso de la mayoría de la población (incluidos los delincuentes), la violencia estaba al orden del día.

Los veteranos de guerra, cansados de ir de aquí para allá con sus cartas de recomendación, acababan alquilando sus armas para las tareas más indignas que uno pueda imaginar, además de proliferar las venganzas personales por cuestiones de celos y honor.

Fuese por este u otros motivos, una de las victimas más curiosas fue Nicolás Velasco, hijo de Diego Velasco, criado del Condestable de Castilla, de cuya muerte se acusó a Calderón de la Barca y sus hermanos en el verano de 1621.

Pese a su sosegada madurez, el joven Calderón vivió una juventud al borde de la ley. Incluso ocho años más tarde, en pleno éxito teatral, también se le acusó de alterar la tranquilidad del convento de clausura de las monjas Trinitarias. Irrumpió violentamente mientras perseguía a un actor de su compañía teatral con el que había tenido una acalorada discusión.

Aquel incidente tuvo especial repercusión no solo porque el convento estuviese en el madrileño barrio de Huertas (el de los escritores por excelencia), si no porque una de las monjas damnificadas era hija de Lope de Vega, que montó en cólera contra el autor de *La Vida es Sueño*.

La Inquisición y los herejes

La unificación de los reinos de Aragón y Castilla supuso la aparición de un gran dilema. Resultaba arduo y complicado crear nexos de unión entre dos reinos que habían sido tan independientes hasta aquel momento. Incluso podría decirse que lo que realmente les unía ante el eterno rival (el reino nazarí de Granada) era la religión.

Por este motivo se hizo especial hincapié en esta cuestión tras su conquista en 1492. Lo primero que se hizo fue erradicar la pluralidad de creencias apostando fuertemente por el cristianismo en pos de la unidad social y política del reino. Por ello no se tardó en expulsar a los judíos, aunque en realidad esto no fue exactamente tal y como se nos ha contado.

El judaísmo se practicaba en la península ibérica desde tiempos de los romanos, y el trato que se venía dispensando a los hebreos fue variado. Es cierto que hubo persecuciones, pero también hubo épocas de excelente convivencia, así como determinados periodos (mucho menos frecuentes) en los que se protegió a este colectivo por distintas razones.

Sin embargo de lo que no hay duda es de que la integración de los judíos en el resto de la sociedad fue muy complicada. Durante la Edad Media se promulgaron una serie de normas, como la prohibición de poder cobrar intereses en los préstamos entre correligionarios. Esto llevó a acudir a ellos en búsqueda de «crédito», lo que hizo que ganaran fama de usureros, pese a que ellos soportaban igualmente la usura de sus prestamistas cristianos. Por su parte las comunidades sefardíes también establecieron normas que redundaron en su aislamiento al

La muerte de Nicolás Velasco. (Dibujo del autor).

crear en la ley mosaica un equivalente al hereje conocido como el «el Herem». Se podría decir por tanto que se habían convertido en una micro sociedad paralela, con leyes diferentes y normas diferentes..., que chocaban plenamente con el plan de homogeneidad que llevaban a cabo los Reyes Católicos.

Por lo tanto en 1492 se les dio un ultimatum. Tenían que proceder a su conversión religiosa, manteniendo sus privilegios sociales y propiedades, o abandonar el país si se mantenían en su fe. La situación no era fácil para todos ellos, el cambio de religión no solo afectaba al credo, sino a las costumbres, las tradiciones, la educación, etc.

De lo que no hay duda es que el interés de los Reyes Católicos fue esencialmente político.

Lo peligroso de la conversión era el dilema teológico en el que se encontraron estos cristianos-nuevos. En primer lugar porque, si una vez bautizados retornaban a sus prácticas judías, inmediatamente eran considerados herejes, y esto suponía un delito civil que los alejaba del conjunto de la sociedad.

Por tanto convertirse al cristianismo implicaba cumplir todos y cada uno de los preceptos a rajatabla, so pena de ser considerado hereje a la menor sospecha. Esto no siempre les fue posible, en primer lugar por la falta de información, y en segundo, porque la propia Inquisición actuaba bastante al margen de la ley por la sencilla razón de que «ellos eran la Ley».

Para localizar a un hereje entre los judíos conversos, se indagaba (que de ahí proviene la palabra Inquisición, de inquirir) en sus costumbres, encontrando si así lo deseaban indicios de judaísmo en cuestiones tan simples como la costumbre mediterránea (que no exclusivamente hebrea) de cocinar con aceite de oliva en vez de con grasa de cerdo.

De esta forma cualquier converso era sospechoso de herejía. Es más, cualquier pobre desgraciado que fuese objetivo de este tribunal podía ser detenido por sospechoso, porque otro de los puntos importantes de todo este delirante proceso era que cualquiera podía denunciar anónimamente. El Santo Oficio se convertía entonces en juez y parte de un proceso en el que en ningún momento se informaba al sospechoso sobre el motivo de su detención.

A continuación se le tomaba declaración mediante tortura (algo frecuente en los interrogatorios de la época). Así confesaba en muchos casos cosas de las que el tribunal no tenía noticia, por las que se le imputaban nuevos cargos.

Ante semejante abuso de poder se alzaron criticas de buena parte del clero y la nobleza, sin embargo desde la monarquía no se hizo nada. Cuando la Inquisición comenzó a adquirir mayor poder, quiso autogestionarse y esto causó de nuevo grandes revuelos, ya que trataron de independizarse de la jerarquía de Roma. Sin embargo desde el Vaticano tampoco se hizo nada. Era mejor admitir la Inquisición que perder el apoyo de los reyes de España.

Entre unos y otros la Inquisición ganó poder, y su principal misión de homogeneizar la sociedad se tornó en una persecución cada vez mayor de la incipiente clase media. No solo eso, sino que sus pretensiones fueron creciendo, inmiscuyéndose también en el control intelectual que llevó a perseguir toda nueva forma de pensamiento que aventase una actitud crítica entre la población. Se añadieron a la lista de sospechosos libros y publicaciones de corte erasmista (que apostaban por una libre interpretación de las sagradas escrituras y una reflexión personal) o protestante. Además se persiguió con saña el movimiento asocial que significaron los «Alumbrados».

A tal grado llego la manía persecutoria de la Inquisición que en 1525 las Cortes tuvieron que instar al tribunal a limitarse a cuestiones puramente heréticas.

Por lo tanto ser descendiente de judíos, judaizar o ser hereje no era una cuestión tan antisemita como más bien una burda excusa para atacar impunemente a cuantas personas quisiesen atacar la Inquisición.

Tal sucedió al colectivo de los moriscos. Al conquistar Granada, el grueso de la población no solo es que tuviese otra religión, es que incluso hablaban otra lengua, por lo tanto integrarse instantáneamente en la sociedad cristiana era sencillamente imposible. La Iglesia impulsó conversiones masivas, en las que el único contacto que mantenían los antiguos musulmanes con la fe de Cristo era haber sido bautizados con una escoba. La falta de educación hizo que estos cristianos-nuevos incurriesen en herejía por simple ignorancia. Mentes lúcidas como Fray Hernando de Talavera apostaron por una integración basada en

Escudo de la Santa Inquisición de Pastrana, Guadalajara, una importante ciudad del Siglo de Oro por la presencia de la princesa de Éboli y sus problemas con Santa Teresa. La rama de olivo simboliza la paz con los herejes conversos y la espada, la justicia con los rebeldes.

la formación no solo de los moriscos y los judíos para llegar al cristianismo por convicción, sino la educación de los frailes evangelizadores en las costumbres islámicas para de esta forma facilitar un tránsito razonable.

De hecho se intentó con buenos resultados, pero de nuevo la Inquisición y los sectores más radicales de la iglesia insistieron en la inmediatez de la conversión, conocedores obviamente del beneficio económico que reportaban las causas judiciales contra familias moriscas adineradas.

Al efecto, se acordaron una serie de aplazamientos para la conversión total a cambio de suculentas sumas de dinero. La presión inquisitorial en estas treguas fue cada vez mayor hasta que finalmente la población morisca de la sierra de las Alpujarras se alzó en armas.

La guerra terminó con la mayoría de la población morisca dispersa por diferentes lugares de España, quedando buena parte en la zona de Levante. Allí continuaron con sus productivas labores agrarias con las que ayudaban notablemente a mejorar la economía de España.

Pero paralelamente se fue sustentando una leyenda en contra de los moriscos acusándoles de ser una quinta columna que operaba desde el interior del reino a favor de los turcos.

La permanente presión sobre ellos hizo que en el año 1598 apareciesen en Granada los llamados *Textos Plúmbeos*. Los moriscos se dieron cuenta de que el reino de Granada carecía de referentes religiosos que les pudiesen vincular con los cristianos y por ello, con motivo del derrumbe del minarete de la antigua mezquita, unos albañiles encontraron un cofrecillo con una serie de reliquias y textos en los que se mencionaba a San Cecilio (santo muy oportuno, porque además de haber sido obispo de Granada había nacido en Arabia).

La noticia causó el efecto deseado, y más cuando en 1595 dos moriscos que andaban buscando tesoros en el Monte de Valparaíso (hoy Sacromonte) encontraron unos restos humanos junto a unos aparatos de tortura... No había duda, eran los restos de San Cecilio mártir.

El hallazgo iba incluso más lejos, porque además hallaron una serie de textos escritos en plomo que presuntamente eran de la misma época del Santo (y quién sabe si no fueron escritos por su propio puño). Lo realmente curioso era el mensaje que transmitían, cuyo contenido era manifiestamente favorable al entendimiento entre moriscos y cristianos. De nada valió aquel intento de colar una reliquia falsa. Pese a que en un principio se dio por buena, la amplia urdimbre de la criba que descartaba las reliquias cristianas se estrechó con las recién halladas.

Entrado el siglo XVII, el corrupto duque de Lerma orquestó un plan destinado en exclusiva a la expropiación de sus propiedades y tierras para obtener abundantes ganancias inmediatas (y pérdidas desastrosas a largo plazo). El prócer insistió de nuevo en la ilegalidad en la que vivían los moriscos por no ser del todo cristianos. Esa situación solo podría ser resuelta con su expulsión definitiva, pasando sus propiedades a manos de la nobleza.

Sin embargo no todos los nobles estuvieron de acuerdo, ya que los moriscos resultaban tan productivos que se dieron casos como el del terrateniente don Sancho de Cardona, que llegó a construir en pleno siglo XVI una mezquita en el valle de Gaudalest (Alicante) para sus trabajadores.

Finalmente el ansia de dinero pesó más que la inteligencia, y los moriscos fueron expulsados definitivamente en 1609. La consecuencia fue que un reducido grupo de nobles se benefició notablemente de la situación haciendo pagar al resto de la población las nefastas consecuencias.

Posiblemente algún lector avezado eche de menos en este apartado sobre la Inquisición y sus procesos la cuestión de las brujas. La razón es que, al menos para la Inquisición española, la cuestión de la brujería fue un problema menor.

Los procesos a las hechiceras en España fueron pocos. Solo se ajustició a cincuenta y nueve mujeres (cantidad ínfima comparada con las cifras astronómicas de países como Inglaterra, Francia o Alemania, donde se habla de más de veinte mil). Queda así aclarada una cuestión más legendaria que real, puesto que este tema era insignificante para los inquisidores. En realidad, a las brujas españolas no se les acusaba de hacer conjuros o pócimas mágicas. El problema fundamental era la adoración de Satanás y por tanto la herejía que significaba la desligazón de la religión católica. Recurrir a encantamientos, adivinaciones y toda suerte de artes mágicas era asunto de hechiceras y eso, en principio, no suponía ningún problema, ya que no lo consideraban en el terreno de la religión sino en el de la superstición. De todos modos ellas y ellos, los hechiceros (que también los hubo), andaban siempre en el borde de la ley, pues en ocasiones sus retorcidos rituales implicaban sacrificios truculentos que invariablemente terminaban vistos para sentencia.

El proceso español más conocido contra las brujas fue el abierto en 1610 contra las de Zugarramurdi. Al parecer y según se deduce de las actas del tribunal de Logroño, en este pueblo navarro se convocaban reuniones en el prado del macho cabrío o *Aker Leze* (de donde deriva la palabra aquelarre), donde el diablo en persona se presentaba para adoración de los presentes.

Aquellas reuniones llegaron a oídos de la Inquisición quien no tardó en abrir una investigación encontrando varios culpables, mujeres en su mayoría, que fueron condenadas a la hoguera.

De todos modos, no deja de ser interesante el trasfondo de la sentencia, porque el problema capital no estaba en las reuniones. Según los inquisidores, en los aquelarres no sucedía nada relevante, más allá de los estados alterados de conciencia en los que se encontraban los asistentes. Sin embargo el convencimiento popular acerca de los prodigios que obtenían las brujas era tan real que, de no cortar el problema de raíz, hubiese cundido la credibilidad entre el vulgo y hubiera habido muchos más casos. Por tanto el problema volvía a ser el de siempre, alterar el orden del conjunto de la sociedad.

Al proceso de Zugarramurdi se añadió, tal y como dijo el inquisidor Salazar, el desconocimiento del cristianismo en tierras a priori cristianas, pero que por su aislamiento geográfico vivían en una situación muy peculiar, manteniendo diversos ritos y creencias extraordinariamente antiguos. De todos modos no quedó nada claro al respecto, pues una de las quejas que hizo el mismo inquisidor Salazar era que difícilmente se podía indagar sobre todo aquello si los acusados solo hablaban la *lingua navarrorum*.

Respecto a las condenas inquisitoriales podemos decir que gracias a la Leyenda Negra y a mitificaciones históricas existe una imagen prototípica de la hoguera. Aunque este fue un sistema de los tantos utilizados por el Santo Oficio, quemar a gente viva no era el procedimiento más socorrido.

Auto de Fe en la Plaza Mayor, 30 de junio de 1680, recogido para la historia por Francisco de Ricci en 1683 (fragmento).

La quema del reo era un método utilizado en grandes ejecuciones como los Autos de Fe, donde se solían ajusticiar a varias decenas de personas, cuyas vidas acababan con el estrangulamiento en el garrote. Posteriormente, y dada la gran cantidad de cadáveres, era cuando se solía utilizar una gran hoguera. Dentro de las formas de utilizarse el fuego, existía una modalidad que era quemar en efigie, empleada para calcinar a un muñeco en representación de un reo que por causas ajenas al tribunal se había ausentado.

Pero, antes de recurrir a la pena de muerte, había toda una serie de penas menores (bien fuese por motivos civiles o religiosos) consistentes en los más variados suplicios. Escarnio público, fustigamiento, remar en galeras y modalidades menos conocidas como ser «pringado» con aceite hirviendo, o en miel para deleite de abejas furiosas. Este último tormento dejó su huella en el propio idioma castellano, donde hoy día se sigue utilizando la palabra «pringao» para designar aquella persona incauta que sufre un escarmiento.

Conviene insistir en que estos métodos no eran utilizados exclusivamente por la Inquisición, ya que los tribunales civiles también contaban con la pena de muerte y las torturas como parte de sus medidas judiciales. Sobra decir que la Inquisición española no fue más cruel que los tribunales de otros países, pero si es cierto que su duración en el tiempo se prolongó excesivamente para terminar, como dijo el escritor Mariano José de Larra, muriendo de vieja.

Bufones, la élite de los desarrapados

La fascinación medieval por las personas con anomalías físicas o mentales procede del carácter singular que estas tenían en el mundo clásico, donde a veces se les consideraba incluso hijos de los dioses. El interés por ellas continuó en muchas cortes europeas hasta bien entrada la edad moderna. Tal fue el caso de la dinastía de los Austrias españoles, en cuyo entorno proliferaron los bufones, llegándose a contar hasta 73 durante el Siglo de Oro.

En la corte de Felipe II nos encontramos con Velasquillo o Magdalena Ruiz. También bufones particulares como Pejerón, al servicio del Duque de Alba. Pero sin duda cuando más famosos se hicieron fue en tiempos de la corte de Felipe IV, donde pasaron a la historia gracias a los pinceles de Velázquez.

Entre los bufones, (también llamados «los sabandijas» u «hombres de placer») existían tres grupos diferenciados. El nivel más bajo estaría formado por aquellos que sufrían trastornos psicológicos como Morata el Loco o Juan de Calabazas, también llamado el Bobo de Coria, más conocido como «Calabacillas».

El segundo lugar lo ocupaban personas cuya gracia residía en su anormalidad física. El colectivo estaba compuesto por enanos (acondroplásicos) como Maribárbola, Nicolasito Pertusato (presentes en el cuadro de *Las Meninas*), el Niño de Vallecas, Miguel Soplillo, Sebastián de Morra, o Diego de Acedo «el primo». Por último estarían los truhanes, o personajes característicos por sus oficios, como Juan Bautista de Sevilla, cuya labor principal era jugar al ajedrez con Felipe IV. Otros como Barbarroja hacían sus pinitos como toreros, o incluso eran reconocidos cómicos como Pablo de Valladolid.

Desde nuestra óptica actual resulta curioso que, pese al trato denigrante que aparentemente o realmente recibían, eran funcionarios bien pagados y obtenían con su oficio pingües beneficios económicos. Más incluso que ciertos pintores.

Hay muchas teorías sobre el verdadero papel que desarrollaban los bufones dentro de palacio. Quizás la hipótesis más convincente sea la de que daban un cierto contrapunto humano a lo artificioso del protocolo con el que convivía permanentemente la familia real. Algo que no se contradice con el hecho de que estuviesen dedicados simplemente a las bromas y las chanzas.

En determinadas ocasiones, aprovechando la «libertad de expresión» que les otorgaba su carácter jocoso, se convirtieron en la voz del pueblo lanzando al rey y su gobierno comentarios que en otro entorno se hubiesen considerado fuera de lugar.

No menos interesantes eran sus propias vidas, ya que la afición de los reyes a tales personas les convirtió en sirvientes muy codiciados aunque hubiesen nacido muy lejos. Eran por tanto hombres y mujeres de mundo, como Nicolasito Pertusato, que vino de Italia, o Sebastián de Morra que fue destinado a acompañar al Cardenal Infante a Flandes.

Un buen ejemplo de lo singular de la vida de estas gentes fue Diego de Acedo llamado «el primo» (posiblemente su sobrenombre se deba a que su segundo apellido era Velázquez y que por lo tanto el mote le fuese impuesto por el propio pintor por quien ha pasado a la Historia). La historia de este bufón es digna de mención pues uno de los cronistas más reputados, José Pellicer, le menciona a propósito de un escabroso asunto.

Al parecer el aposentador real Marcos Encinillas, que por su oficio se ausentaba largas temporadas de Madrid, empezó a tener sospechas de que su mujer le era infiel. Inició pues una investigación que terminó llevándole a descubrir que el motivo de sus celos no era otro que el propio bufón. Por ello, y aprovechando que Marcos organizaba las salidas de los carruajes regios de palacio, sobornó a un soldado para que cuando todos disparasen la salva de balas de fogueo hiciese puntería en el enano con una bala de verdad.

Entre el traqueteo del carruaje y la dificultad del blanco, el disparo falló y se creyó que era un atentado contra el Conde Duque de Olivares que también iba en la comitiva.

El asunto parecía haberse zanjado, pero no así los celos del aposentador que sediento de venganza espero unos días a Diego de Acedo para darle muerte en el Alcázar. El rey Felipe IV avisado de la maniobra decidió llevarse al enano a un paseo mañanero a la Casa de Campo, evitando discretamente que cayera en manos del ejecutor.

Finalmente Marcos Encinillas, loco de celos, terminó matando a su propia esposa que, pese a que quizás si se enamoró de Diego de Acedo, cuentan que murió «...inocente de las sospechas».

El bufón Sebastián de Morra, pintado por Velazquez en 1645. Museo del Prado, Madrid. Su actitud cayada y digna parece indicar su desacuerdo con el papel que le tocó vivir como consecuencia de su anomalía. Sin embargo, sabemos que los bufones tuvieron prestigio en la corte, e incluso que gozaron de cierta holgura económica.

Capítulo IV

LA MÍSTICA CASTELLANA

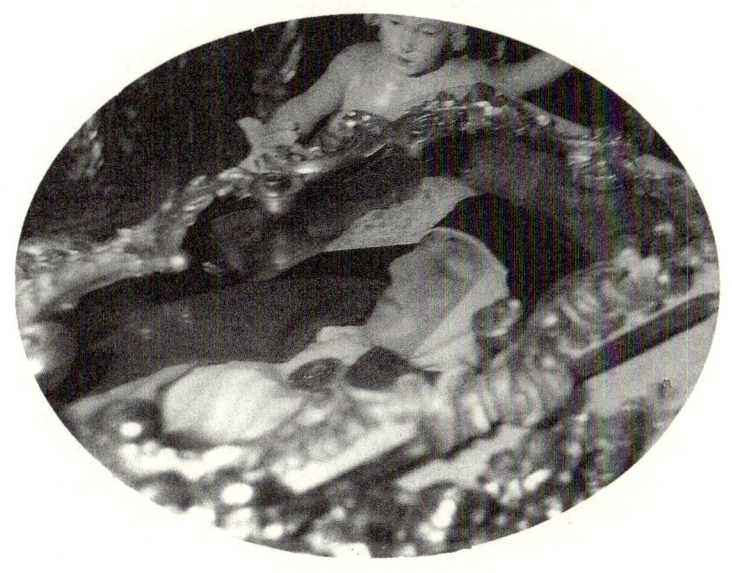

El entorno político y religioso

Una de las características más complejas e interesantes del Siglo de Oro fue sin duda la aparición del fenómeno cultural y espiritual que significó el apogeo de la Mística Castellana.

Etimológicamente la palabra mística proviene del latín *mysticus* o, lo que es lo mismo, aquello que tiene que ver con el misterio o con lo desconocido.

No era para menos, pues tal y como se desarrolló en Castilla podríamos hablar de un fenómeno por el cual ciertos privilegiados podían entrar en contacto directo con lo más oculto y sobrenatural del mundo religioso, la divinidad.

Por así decirlo, la mística era una forma de contactar con Dios por una vía tan directa como personal, donde lo que primaba era el trato individual. Esto hizo que los místicos alcanzasen tal grado de elevación espiritual que su trato con Dios rozaba lo sentimental. La mayoría quedó seriamente afectada por esa relación tan trascendental para el resto de sus días.

A primera vista, lo más inquietante de todo el fenómeno es que surgió repentinamente, con una serie de exponentes notables, pero sin ningún origen claro. Aunque lo que sí debió resultar realmente decisivo es el ambiente histórico en el que se desarrolló este movimiento.

La mística aparece frecuentemente unida a la Contrarreforma, o sea, la contestación del mundo católico al cisma Protestante nacida del Concilio de Trento, que se celebró en el año 1545, para terminar en el 1563, tras veinticinco reuniones.

En 1517 Martín Lutero, disconforme con la actitud de la Iglesia Católica proclamó su oposición a lo que consideraba distorsiones del sentido original del cristianismo. Fue el día 31 de octubre cuando fue a clavar sus noventa y cinco tesis en la puerta de la iglesia del Palacio de Wittenberg. Quería así iniciar un debate reformador que terminara con ciertos abusos sustentados en la doctrina, aunque no cuestionaba la autoridad del Papa. Fue el comienzo de la ruptura entre católicos y protestantes, un movimiento religioso al que pronto se unieron distintas facciones políticas, sociales, y culturales, sobre todo en el centro de Europa y en las Islas Británicas.

El protestantismo acarreaba graves problemas políticos, por lo que los reinos católicos y especialmente España se blindaron ante la posible influencia luterana. No solo por sus principios teológicos y su adhesión al Vaticano, sino por el peligro que supondría la división de la población que, llena de dudas, comenzaría a cuestionarse algunos dogmas religiosos e incluso la jerarquía social establecida.

Por ello, al igual que sucedió con otros colectivos como los judíos o moriscos, la Inquisición intervino para poner coto a ese tipo de movimientos intelectuales que promoviesen la individualidad.

En esas mismas fechas, Erasmo de Rotterdam lanzó su propuesta para interpretar libremente los textos bíblicos, así como interiorizar la vida religiosa, promoviendo la oración mental y toda una serie de cuestiones que nunca agradaron nada a las autoridades del Santo Oficio español. Sin embargo los enemigos de Erasmo contaban con un gran obstáculo, el apoyo de Carlos I a las teorías erasmistas.

Así, esta corriente ideológica, estética y humanista sirvió de refugio a otro tipo de movimientos intelectuales y religiosos netamente españoles, entre los que se podría quizás encontrar indicios del comienzo de lo que sería el misticismo castellano.

Los orígenes e influencias de la mística castellana

Entre aquellos movimientos considerados heréticos por la Inquisición y que se amparaban en las teorías de Erasmo se encontraban los «Alumbrados», también llamados «iluminados, dejados o perfectos». Seguían estos algunas tradiciones medievales recopiladas en una especie de amalgama de propuestas espirituales que desde los más diversos lugares y en diversos momentos fueron llegando a los reinos peninsulares.

Del norte y tras la cruzada Albigense de 1209-1244, llegaron algunos refugiados de la secta de los cátaros («los puros»), que se asentaron en el reino de Aragón. Sus planteamientos eran fundamentalmente una apuesta decidida por la austeridad y la pobreza en pos de alcanzar la elevación espiritual tratando con desidia el mundo terreno. No sería extraño que de los posos dejados por estos hombres surgiesen en el reino de Valencia los «beatos y beatas» (personas de profundo sentimiento religioso que hacían vida retirada) de los que habla con cierta socarronería Jaume Roig en su libro *Libre de les dones o Spill,* escrito en el año 1459.

En el reino de Castilla esos «beatos» también hicieron acto de presencia como así lo reflejan las moralizantes historias del Conde Lucanor. Evidentemente su origen es también anterior.

Durante la Edad Media, algunas de esas sectas, que no eran del agrado de las altas esferas de la Iglesia, terminaron diluyéndose en las subórdenes menores que nacieron de las grandes órdenes monásticas como la de San Francisco, a cuya Orden Tercera se unieron los Beguinos.

Este colectivo nació en las zonas centro y norte de Europa. Se diferenciaba del resto por el gran protagonismo que tenían en el las mujeres, pero sus planteamientos no variaban en exceso con respecto al resto de corrientes anteriormente mencionadas. Eso sí, incorporaban una buena organización que les convertía no solo en un movimiento independiente intelectualmente hablando, sino bastante autosuficiente desde el punto de vista económico.

La adhesión de tales grupos a las grandes instituciones monásticas dejó su legado en su propia organización, que en determinadas ocasiones trataba a movimientos similares con cierta benevolencia.

Algo así debió suceder en torno al año 1430 en la localidad vizcaína de Durango, donde un grupo de franciscanos encabezados por Alonso de Mella revolucionaron el panorama teológico, echando por tierra los principios del matrimonio y promoviendo prácticas a todas luces indecorosas para los estamentos oficiales, que las reprimieron inmediatamente.

Mientras tanto por el sur (sobre todo gracias a Raimundo Lulio) entraban influencias, tanto las judías enfocadas a la cábala como el sufismo islámico. Este permanecía posiblemente en ciertos sectores moriscos (aunque su influencia en el mundo cristiano había sido notable y anterior a la persecución morisca). Básicamente los planteamientos de una y otra corriente se basaban en el retorno a la unidad entre el alma y la divinidad, cuya única vía era desentenderse del mundo terrenal y dejarse llevar por el ímpetu del amor en su sentido teológico.

Los Alumbrados

Con la llegada del Renacimiento comenzaron a reaparecer ideas y tratados de los clásicos que tuvieron gran influencia en los planteamientos religiosos del momento. Un buen ejemplo es la obra del filósofo Marsilio Ficino, quien entre los años 1463 y 1469 tradujo las obras de Platón.

Estos textos inevitablemente influyeron en intelectuales como Yehuda Abrabanel (de origen sefardita), que tras emigrar a Italia fue co-

Un precedente de la mística castellana fue el protagonizado en 1273 por Ramón Lulio, cuando se retiró en Mallorca al monte Randa para hacer vida contemplativa.

nocido como León Hebreo. Allí se dedicó a conjugar las teorías platónicas sobre el amor con elementos desconocidos como la mística judaica. El resultado de tan interesante combinación fue su obra cumbre *Diálogos de Amor*, consistente en tres tomos enciclopédicos en los que se recogía todo el saber de su época.

La obra fue publicada póstumamente en 1535, pero León Hebreo había dado con el punto clave de la elevación mística, el amor. Según defiende en su obra, este era el verdadero motor del Universo; el regidor del comportamiento de todos los seres y en definitiva de la creación divina.

Lógicamente no tardó en llegar la réplica a sus *Diálogos de Amor* desde los estamentos oficiales argumentando que, pese a estar de acuerdo en la importancia del amor, este sentimiento tenía que desarrollarse siempre bajo el control y las directrices oficiales y jamás de forma independiente o personal.

En España mientras tanto florecían los movimientos espirituales de origen medieval de los que antes hablábamos, reforzados por estas nuevas teorías renacentistas. Los primeros grupúsculos no tardaron mucho en anexionarse y formar una especie de secta, los Alumbrados.

Oponiéndose a lo que exigía la doctrina católica oficial, los Alumbrados apostaron por la individualidad. En algunos casos se organizaron en grupos pero generalmente permanecían aislados de la sociedad, llevando una vida retirada, tal y como proponía el poeta latino Horacio con su *Beatus ille*.

El protagonismo que se daba al individuo dentro de los Alumbrados era tal que consideraron conveniente dejar a la libre interpretación los textos bíblicos, sin necesidad de recurrir a ningún intermediario para saber que querían decir aquellas palabras. Si los Evangelios eran la palabra de Dios, era lógico pensar que era Universal y por tanto comprensible para todos. De esta forma despreciaban los planteamientos teóricos de los doctores de la Iglesia rechazando de pleno los libros y cánones impuestos desde Roma. Esta actitud fue la justificación que esgrimieron los detractores de estos místicos para acusarles de iletrados y estúpidos, cuando no de herejes.

Quizás este aspecto sea el más cercano a las teorías erasmistas y luteranas, de las que por ejemplo se acusó a los Alumbrados de Escalona (Toledo). Sin embargo esta especie de secta llegaba más allá, al desautorizar la figura del intermediario entre Dios y los hombres. Incluso fueron más lejos al considerar que la parte ritual del catolicismo no tenía sentido pues para orar solo era necesario el individuo y Dios. Interiorizaban la oración de forma semejante como se hace en una meditación, gracias a lo cual podían alcanzar estados espirituales elevados. En no pocas ocasiones se llegó a decir que eran capaces de alcanzar estados de éxtasis y otros portentos.

Lo mismo sucedía con los centros escogidos para tales ejercicios espirituales. Su principal interés no residía en las características del templo sino más bien en lo retirado del lugar para así establecer mejor contacto con Dios. Así sucedió en la zona sur de Guadalajara donde, con María Cazalla a la cabeza, se organizó un colectivo de Alumbrados que fueron procesados por la Inquisición en 1532.

Dentro de esa mística alumbrista destacó la importancia del amor en un sentido tan amplio que no siempre fue bien entendido, ni por los órganos oficiales ni por sus propios seguidores. Los planteamientos universales del amor no tardaron en convertirse en estrategias de pícaros que pretendían embaucar a jovenzuelas incautas para obtener «favores». Así sucedió al parecer con algunos clérigos y seglares de Llerena (Extremadura) quienes aprovechando el momento de la confesión seducían a sus feligresas con ideas pseudo-místicas, y todo acababa en cuestiones tan terrenales como pueda imaginarse.

Lo curioso de este subgrupo es que pese a ser también perseguidos por la Inquisición, más por los delitos sexuales que por sus planteamientos teológicos, llegaron hasta el siglo XVII, donde protagonizaron sus últimas aventuras conocidas.

¿Alumbrados en San Plácido?

En torno al año 1623 se fundó en Madrid el Monasterio de la Encarnación de las religiosas de la orden de San Benito, más conocido como el Convento de San Placido.

Desde su fundación, la institución religiosa estuvo relacionada con las más altas esferas de la corte de Felipe IV, lo que complicó enormemente la investigación de los sucesos allí acontecidos que se hizo mucho tiempo después. Buena muestra del abolengo de algunas de las monjas fue el caso de Teresa Valle de la Cerda, primera abadesa del convento, que a sus veintidós años estaba prometida a don Jerónimo de Villanueva, un personaje muy influyente en los asuntos de estado. Era amigo íntimo del Conde Duque de Olivares, y supo ganarse el favor del valido real obteniendo para sí el nada desdeñable cargo de Protonotario de Aragón.

Al fundarse el convento quedó «compuesto y sin novia», lo que no le impidió trasladarse a vivir a unas casas próximas al monasterio. Un lugar aparentemente tranquilo hasta que comenzaron los turbios asuntos que le convirtieron en el foco de algunas leyendas del Madrid de la época, cuando el comportamiento de ciertas monjas (sobre todo algunas novicias) dio que hablar generando cierta polémica.

Portada del convento de San Plácido, en la calle San Roque 9 de Madrid, con elementos netamente herrerianos.

El capellán, Juan Francisco García Calderón, acalló los rumores y resolvió el asunto declarando que estaban «endemoniadas». Pese a ello ese extraño comportamiento comenzó a extenderse al resto de religiosas. En el culmen se trataba de una «posesión colectiva».

Ante semejante escándalo la Inquisición tuvo que intervenir para aclarar lo que allí sucedía. En un principio encarcelaron en Toledo a las «endemoniadas» pensando que era en ellas en quienes residía aquella locura. Sin embargo, cuando fueron avanzando las pesquisas, los inquisidores descubrieron que había algo más detrás de todo aquel demoniaco asunto.

¿Pero..., qué sucedía realmente? Según la abadesa, las monjas recibían visitas de unos extraños individuos que se suponía eran demonios entre los que destacaba «El Peregrino raro», que hacía y deshacía con las mujeres a su antojo, pues según afirmaba «aquello lo ordenaba Dios así» (una curiosa excusa tratándose de un demonio...).

Además se añadía en el memorial la reiteración de Teresa Valle diciendo que aquello respondía a cuestiones reales y que no eran enajenaciones de sus compañeras. Lo que allí sucedía no era *«embuste y embeleso..., para lograr fines de vanagloria»*, de hecho se reafirmaba desmintiendo que el origen de lo sucedido sea demoniaco: *«nunca he dado razón para afirmar que lo eran (diablos) con embeleso y mentira»*.

La sospechas se volvieron entonces contra el capellán Francisco García Calderón, a quien se acusó de «alumbrado» y de tener un trato excesivamente afectivo con las religiosas. Teresa Valle en su memorial no niega que hubiese caricias, pero sin embargo considera que no eran obscenas y que le parecían comportamientos que ella misma había visto en otros «santos» y religiosos.

No obstante la abadesa se desquitó responsabilidades diciendo siempre que «*Dios lo quiso así*» y que ella no era culpable de aquel escándalo, pues simplemente actuó siguiendo la obediencia de sus votos. Es decir, por un lado ella misma se exime diciendo que solo es una herramienta que obra según órdenes superiores, y por otro niega que el culpable sea García Calderón que a la sazón era su propio superior.

Como vemos, la complejidad avanzó según se investigaba el caso. Según mostraban todos los indicios, el diablo que obraba allí era más real de lo que en principio parecía. Es posible que semejante posesión colectiva no fuese sino una estrategia para hacer creer a las monjas que realmente eran protagonistas de sucesos sobrenaturales en los que varias entidades demoníacas (pues había otros «seres» además del Peregrino Raro) se introducían en el convento de clausura para embaucarlas con sospechosas intenciones.

Las denuncias de las monjas fueron interpretadas por el capellán García Calderón como palabrería de endemoniadas. No obstante, durante sus presuntas posesiones aquellas jóvenes afirmaban ser herramientas del maligno que hablaba por sus bocas anunciando por ejemplo la llegada del hijo de un gran ministro (dato especialmente significativo si tenemos en cuenta la estrecha relación entre Jerónimo de Villanueva, vecino y fundador del convento con el «gran ministro» don Gaspar de Guzmán, Conde Duque de Olivares). También había referencias a un ángel de la guarda, el Protonotario Jerónimo de Villanueva.

La abadesa Teresa Valle se defendía muy inteligentemente en su memorial diciendo que: «*[...] las palabras que decíamos cuando estábamos poseídas del mal espíritu no fueron libres y de propio albedrío, sino forzadas y compelidas a decirlas por causa interior y superior a nuestras fuerzas*».

Finalmente, en 1630 Jerónimo de Villanueva fue considerado sospechoso, y tras ser interrogado bajo tormento cayó en desgracia incluyendo en su confesión forzada todos los «adornos» con los que los interrogadores quisieron adornar este episodio. Por su parte las monjas fueron declaradas inocentes y Juan Francisco García Calderón considerado culpable y condenado a arresto monástico.

Pero siempre quedará la duda de saber con seguridad cual era esa «causa interior y superior a sus fuerzas», si la propia Teresa Valle afirmaba que no se trataba de diablos ni otras cuestiones sobrenaturales..., algo que la historia nos ha hurtado.

La mística castellana y sus protagonistas

Pese a incidentes como el relatado, que enturbiaron la aparición de la mística, el caso es que hubo una corriente que fue perfeccionándose a la vez que iba alcanzando el máximo esplendor dentro de las diferentes órdenes monásticas. No por ello se oficializó o se sentaron principios generales, pues pese a desarrollarse dentro del canon ortodoxo, las experiencias místicas siguieron siendo genuinas en cada caso, ajustándose a la arrebatadora personalidad de cada uno de los protagonistas

Menéndez Pelayo, experto en la materia, propuso organizar el fenómeno a partir del análisis de las órdenes religiosas de las que formaban parte los principales representantes, a saber:

> *Carmelitas*: Santa Teresa y San Juan de la Cruz.
> *Dominicos*: Fray Luis de Granada.
> *Franciscanos*: San Pedro de Alcántara, Fray Juan de los Ángeles y Fray Diego de Estella.
> *Agustinos*: Fray Luis de León.
> *Jesuitas*: San Francisco de Borja.

Habría que añadir además a otros personajes de importancia como San Juan de Ávila, que no perteneció a ninguna orden y místicos atípicos como podrían ser Sor María Jesús de Ágreda o Miguel de Molinos. Los iremos conociendo por este orden, así como su trayectoria vital, sus logros y las escuelas que crearon.

Santa Teresa de Jesús
(Ávila, 1515-Alba de Tormes, Salamanca, 1582)

Sin duda la figura más destacada de la mística castellana fue una mujer, Teresa de Jesús, canonizada en 1622 y declarada doctora de la Iglesia (cargo difícilmente alcanzable por ninguna mujer). Consiguió unir en su persona todas las cualidades que adornaron a los otros representantes del movimiento. Tenía una personalidad arrebatadora, alcanzó un elevado estado espiritual, se comprometió con los problemas de la sociedad y fue una adelantada a su tiempo.

Nació en 1515 en la ciudad de Ávila, proveniente de una familia de origen converso. Su nombre de pila fue Teresa de Cepeda y Ahumada. Su padre, Alonso de Cepeda, hombre culto y bien situado económicamente, no escatimó en gastos para la educación de su multitudinaria prole. Dicen que las lecturas que don Alonso realizaba en voz alta marcaron a la pequeña Teresa y más aún cuando con los años aprendió a leer devorando aquellos libros, cuyos temas iban desde lo caballeresco a cuestiones religiosas. Los que trataban de las vidas de santos le provocaron tal entusiasmo que con siete años se escapó de casa intentando llegar a tierra de moros para convertirse en mártir.

Su madre murió en plena adolescencia de la muchacha, lo que evidentemente supuso un duro golpe, casi tanto como el que recibió cuando a los dieciséis años su padre decidió ingresarla en un convento. Teresa, que era una chica bien parecida e incluso con cierto éxito entre los mozos de su barrio, cayó en una grave depresión. Aquel desaliento somatizado en diversas dolencias, como la anorexia, la dejó tan mermada que no hubo otro remedio que sacarla del convento.

Durante su convalecencia, volvieron a caer en sus manos libros como las confesiones de San Agustín, que en esta ocasión orientaron definitivamente su vocación religiosa. En consecuencia, Teresa tornó a ingresar en el convento, esta vez de mejor grado, pese a que arrastaría para siempre una salud endeble.

Fue precisamente allí, y en sus retiros, cuando empezó a tener sus primeras apariciones, experimentando arrobamientos en los que sentía que su alma era secuestrada por la divinidad. Estos estados seguirían siendo la constante del resto de sus días.

Es entonces cuando comenzó a trasladar al papel sus experiencias místicas, en libros como el *Castillo interior*, o *Camino de la perfección*. Publicaciones que no pasaron desapercibidas a la Inquisición, que pronto investigaría el caso de la monja carmelita.

Durante las pesquisas del Santo Oficio, los tan socorridos antepasados judíos salieron a relucir, mientras que en defensa de Teresa salieron otros místicos como Fray Pedro de Alcántara e importantes políticos como Rodrigo Borgia. Finalmente el tribunal no pudo prolongar su proceso y poco a poco el problema se fue solventando.

Mientras tanto, llegado ya el año 1560, la futura Santa Teresa alcanzó su más famoso éxtasis, acompañado de una visión tan poética como impactante: un ángel aparece en su celda portando un dardo de oro en su mano, que termina clavando en el centro de su corazón.

> *«Vi a un ángel... No era grande, sino pequeño, hermoso mucho, el rostro tan encendido que parecía de los ángeles muy subidos, que parece todos se abrasan... Veíale en las manos un dardo de oro largo, y al fin del hierro me parecía tener un poco de fuego. Este me parecía meter por el corazón algunas veces y que me llegaba a las entrañas: al sacarle me parecía las llevaba consigo, y me dejaba toda abrasada en amor grande de Dios. Era tan grande el dolor que me hacía dar aquellos quejidos, y tan excesiva la suavidad que me pone este grandísimo dolor que no hay desear que se quite, ni se contenta el alma con menos que Dios... Los días que duraba esto andaba como embobada, no quisiera ver ni hablar, sino abrasarme con mi pena, que para mí era mayor gloria, que cuantas hayan tomado lo criado».*

> *Vida de Santa Teresa*, cap. XXIX

Aquellos trances agotarían poco a poco su débil salud, pero al mismo tiempo reforzarían su espíritu y comenzaría a plantearse reformar la orden Carmelita. El exceso de apego a lo mundano había infiltrado la vida monástica en todas partes, y se había convertido más bien en un transcurrir placentero y descansado. Los frailes y monjas

Éxtasis de Santa Teresa, **Gian Lorenzo Bernini, 1647-1651. Fue realizada para la tumba del cardenal Cornaro en la iglesia de Santa Maria della Vittoria, Roma. Es una obra maestra del barroco. Recrea el momento en el que, en un éxtasis místico, un ángel traspasa su corazón con una flecha de oro.**

podían gozar de todas las ventajas que ofrece el dinero y Teresa no estaba muy de acuerdo con la situación.

Comenzó por tanto la reforma de lo que se llamarán las Carmelitas Descalzas, que con el tiempo se expandiría incorporando una versión masculina dirigida por San Juan de la Cruz. A pesar de la buena voluntad, y pese a la fundación de los nuevos conventos, comenzaron a surgir problemas.

El más importante de todos fue el que significó la actitud de la princesa de Éboli que, retirada en Pastrana, pretendía entrar en el convento sin renunciar a su acomodada vida. La abulense tuvo un serio enfrentamiento con ella, y acabó por tomar la determinación de abandonar el establecimiento para marchar a Segovia acompañada de todas sus monjas.

Pero hubo problemas aún más graves. El movimiento carmelitano-descalzo empezó a convertirse en una cuestión incómoda que desembocó en la detención del futuro San Juan de la Cruz y su internamiento en las cárceles de Toledo.

Mientras tanto, la mística no paró hasta resolver el problema recurriendo a las instancias que fuesen necesarias, llegando incluso a escribir al propio rey Felipe II que convencido por la monja dio su visto bueno a la reforma que finalmente tuvo que ser aceptada por los detractores de la reforma carmelitana.

Siendo ya muy mayor, 1582, viajó a Alba de Tormes donde muy debilitada físicamente cayó en su último y definitivo trance, que acabó llevándola a la tan deseada otra vida. Se cumplían así los anhelos reflejados en sus conocidos versos:

Vivo sin vivir en mí,
y tan alta vida espero,
que muero porque no muero...

San Juan de la Cruz
(Fontiveros, Ávila, 1542-Úbeda, Jaén, 1591)

Ya había sucedido con místicos como Fray Luis de Granada, quien sería San Juan de la Cruz tuvo una infancia compleja. A la muerte de su padre, la familia quedó sumida en la pobreza y tuvo que emigrar por las diferentes ciudades de Castilla, donde el pequeño Juan de Yepes (aquel era su nombre) deambuló de colegio en colegio. En su estado de pobreza tuvo que compaginar los estudios con lo que hoy llamaríamos trabajos sociales, ayudando en hospitales, aprendiendo oficios como sastre, carpintero, pintor y sobre todo realizando tareas religiosas, lo que hizo que finalmente el muchacho se decantase por la vida monástica. Se ordenó fraile carmelita. Precisamente sucedió que, al poco tiempo de su ordenación, conoció en Medina del Campo a Santa Teresa que por su escasa estatura le empezó a llamar «mi medio fraile».

Ese primer contacto le marcaría definitivamente pues desde ese momento nacería una gran amistad entre la futura santa y él, llegando incluso años más tarde a compartir éxtasis y arrobamientos. No por ello dejo de estudiar, llegando así a la Universidad de Salamanca donde fue alumno de Fray Luis de León, quien influiría positivamente en su formación.

A pesar de ello, los proyectos de Santa Teresa sedujeron a Juan de Santo Matía, su nombre de fraile, que se convirtió en un frecuente compañero de viajes para fundar nuevos conventos carmelitanos. Su acuerdo era total con respecto a la necesidad del retorno de la orden a su origen espiritual, deshaciéndose de las muchas prebendas con las que empezaba a contar la orden.

Su reforma no gustó a todo el mundo y se declararon ilegales muchos de los conventos fundados por ambos. La decisión era acabar de la forma más tajante con aquel revuelo, así que en primer lugar se encarceló a San Juan, que se había convertido en la cabeza visible de la sección masculina de los Carmelitas descalzos. Posteriormente recluyeron a Santa Teresa en un convento.

Fue en 1577 cuando el de Fontiveros fue detenido en Toledo acusado de ser responsable de la reforma carmelita. Para neutralizarle le habían ofrecido diferentes cargos dentro de la parte oficial de la orden, o incluso le habían amenazado con la prisión. Juan no cedió en su empeño, lo que le llevó a un oscuro calabozo. Durante su reclusión comenzó a escribir su obra más famosa, el *Canto espiritual,* donde ilustra en maravillosos versos y metáforas la relación mística entre su alma y Dios.

Su espíritu indómito no soportaba aquella celda, por ello y aprovechando la oscuridad de la noche consiguió fugarse para pedir asilo en el convento de carmelitas de Toledo, de donde pasó al Hospital de Santa Cruz para finalmente poner rumbo al sur.

En la serranía de Jaén se dedicó a su labor de divulgación de la nueva reforma carmelita, sin descuidar su obra literaria. Así nacieron la *Noche oscura del alma* y la *Subida al Monte Carmelo,* ambas relacionadas íntimamente. Dos obras dedicadas a situar a la mística como la mayor expresión de amor espiritual.

Viajó incesantemente por toda Andalucía, ya fuera a pie o a lomos de un asno, fundando nuevos conventos para desesperación de sus enemigos, que finalmente acabaron por conseguir que fuera cesado en

Un lugar donde probablemente San Juan de la Cruz tuvo sus primeros arrebatos místicos, las llamadas *Cuevas de los Moros* de Pastrana. Su origen podría ser celtibérico.

los cargos que ocupaba. Contemplaron incluso la idea de enviarlo a América.

Finalmente, en 1591 viajó a Castilla, donde enfermó de erisipela en la pierna izquierda según recientes investigaciones. A consecuencia de ello sufrió una septicemia que terminó con su vida. Tenía cuarenta y nueve años de edad. Sus restos se reparten hoy entre el convento de los padres carmelitas de Segovia y el oratorio de San Juan de la Cruz de Úbeda.

Gracias a su obra literaria podemos deducir que San Juan de la Cruz había alcanzado estados de elevación similares al resto de los místicos castellanos. Así lo reflejan bien sus versos, cuyo tema central se resume en que lo realmente importante en esta vida es obrar de modo que se obtenga la recompensa final de unirse con Dios más allá de la muerte.

> *¡Oh cauterio suave!*
> *¡Oh regalada llaga!*
> *¡Oh mano blanda! ¡Oh toque delicado,*
> *que a vida eterna sabe,*
> *y toda deuda paga!*
> *Matando. Muerte en vida la has trocado.*

Más allá de lo religioso, la influencia de la mística castellana alcanzó a todas las manifestaciones culturales. Diversos escritores del Siglo de Oro dieron muestras de la repercusión que tuvieron en su obra los postulados de San Juan, Santa Teresa, Fray Luis... Buena muestra de ello encontramos en las comedias de Lope de Vega, donde los enredos amorosos conviven con composiciones métricas elevadas de profundo contenido místico. Lo apreciamos así, sin ir más lejos en algunos versos de *La Dama Boba*, cuando uno de los personajes habla así del amor.

> *La Cátedra de las ciencias;*
> *porque solo con amor*
> *aprende el hombre mejor*
> *sus divinas diferencias.*
> *Así lo sintió Platón,*
> *esto Aristóteles dijo*
> *que, como del cielo es hijo,*
> *es todo contemplación.*
> *De ella nació el admirarse*
> *y de admirarse nació*
> *el filosofar, que dio*
> *luz con que pudo fundarse*
> *toda ciencia artificial.*
> *A amor se ha de agradecer*
> *que el deseo de saber*
> *es al hombre natural.*

También puede verse esta influencia en el trasfondo de uno de los más hermosos sonetos jamás escritos, nacido de la pluma de Francisco de Quevedo y Villegas, *Amor constante más allá de la muerte*:

> *Cerrar podrá mis ojos la postrera*
> *Sombra que me llevare el blanco día,*
> *Y podrá desatar esta alma mía*
> *Hora, a su afán ansioso lisonjera;*

Mas no de esotra parte en la ribera
Dejará la memoria, en donde ardía:
Nadar sabe mi llama el agua fría,
Y perder el respeto a ley severa.

Alma, a quien todo un Dios prisión ha sido,
Venas, que humor a tanto fuego han dado,
Médulas, que han gloriosamente ardido,

Su cuerpo dejará, no su cuidado;
Serán ceniza, mas tendrá sentido;
Polvo serán, mas polvo enamorado.

Fray Luis de Granada
(Granada, 1504-Lisboa, 1588)

En la ciudad de la Alhambra, y en el año de 1504, nacía quien sería Fray Luis. Lejos de la Castilla que fue cuna de quienes le han precedido, Luis de Sarriá (que era como se llamaba) nació en el seno de una familia de panaderos, que como indicaba su apellido seguramente eran de origen gallego.

Con la muerte de su padre, la situación familiar pasó de humilde a precaria. La madre y el pequeño Luis se vieron cercanos a la mendicidad. Según muchos expertos esos años marcaron fuertemente a este hombre, que sentiría posteriormente una especial predilección por los pobres.

Un místico dominico, Fray Luis de Granada, acusado de erasmismo, como le sucedió a tantos otros.

Pese a su difícil situación económica, el niño parecía tener una capacidad innata para memorizar y recitar todo aquello que oyese (al menos eso se cuenta). Fue lo que más llamo la atención al Conde de Tendilla, uno de los principales nobles castellanos en la recién reconquistada Granada. Un día, paseando por sus calles vio como sermoneaba a los otros niños con las mismas palabras que había dicho el cura en misa.

Desde ese momento vivió bajo la protección de los Mendoza, hasta que finalmente decidió ingresar en la orden dominica con el nombre de Fray Luis de Granada. Una vez instruido como religioso, comenzó su carrera como intelectual trasladándose a Valladolid donde se preparó para cumplir su sueño de marcharse como misionero al Nuevo Mundo.

Pero, al igual que le sucediera a San Juan de Ávila, la ilusión de Fray Luis tampoco pudo verse satisfecha y, como un guiño del destino, fue enviado a Córdoba, donde precisamente se encontraba aquel hombre. Mantuvo una excelente relación con él, declarándose un ferviente seguidor, como bien demuestra la biografía que Fray Luis escribió de su admirado maestro. Pero no fue la única obra que escribió el granadino. Por esas mismas fechas también se le atribuye la autoría del *Libro de la oración y meditación,* cuya publicación le costó no pocos problemas con la Inquisición que desde ese momento le acusó de protestante encubierto y erasmista.

Finalmente el libro consiguió el visto bueno del Concilio de Trento, contra lo que sus detractores poco o nada podían hacer. De lo que no cabía duda es que Fray Luis era todo un maestro de la retórica, y que sus obras despertaron el interés del mismo Papa y del rey don Felipe, pero sobre todo de la casa real portuguesa, desde donde se le ofreció el cargo de Obispo. Como venía siendo habitual entre los místicos, rechazó la oferta pese a que traía aparejadas grandes ventajas económicas.

Falleció en 1588, tenía 84 años y cuentan que agobiado por haber cometido un grave error, dar pábulo y validez a las locuras de una monja que al parecer fingía estigmas en forma de llagas. Ya estaba casi ciego, y eso le pudo obnubilar la mente. Quizá eso obstaculizó su proceso de beatificación.

San Pedro de Alcántara
(Alcántara, Cáceres, 1499-Arenas de San Pedro, Ávila, 1562)

En el mismo año en el que nació San Juan de Ávila lo hizo Juan de Garavito y Villela de Sanabria en el pueblo extremeño de Alcántara, nombre que viene del árabe *Al Qantarat*, que significa *El Puente*.

Al igual que aquel, procedía de una familia noble que pronto decidió mandarle a estudiar leyes a la Universidad de Salamanca, aunque aquel parecía no ser el camino deseado por el joven. De hecho, durante su etapa de estudiante, tuvo problemas de integración con otros muchachos que cambiaban de conversación a su llegada y le consideraban un compañero extraño.

De esta forma, cuando marchó por primera vez de vacaciones a Alcántara, Juan de Garavito sufrió una crisis vocacional que se resolvió con la llegada de un grupo de frailes franciscanos a su pueblo natal. Allí y con apenas quince años, el joven quedó tan fascinado que decidió escaparse de casa y marcharse con los monjes al convento de Los Majarretes.

La peculiar personalidad del muchacho no pasó desapercibida en el interior de sus paredes y, pese a integrarse bien con el nombre de Fray Pedro de Alcántara, tuvo comportamientos realmente singulares que asombraban a sus compañeros. Podía pasar horas admirando la naturaleza en el huerto, o salir de su celda por las noches con la única intención de contemplar las estrellas. Por pura humildad difícilmente miraba a nadie a los ojos cuando conversaba y comenzó hacer de la austeridad su lema de vida.

Fue entonces cuando comenzó a hacer largas meditaciones, insistiendo firmemente en su abandono casi total de las cosas mundanas. Las llevó a tal extremo que es posible que alcanzase frecuentes estados alterados de conciencia.

Debió ser en aquellos años cuando escribió *El libro de la oración y la meditación*, aunque existen dudas sobre si lo hizo él o Fray Luis de Granada. De lo que no cabe duda ninguna es de que aquellos episodios se repetían frecuentemente.

Sus tránsitos no tardaron en interpretarse como evidentes síntomas de santidad, atribuyéndosele multitud de prodigios, como estar en dos sitios a la vez (bilocación), caminar sobre las aguas del río Tajo, levitar o incluso controlar las condiciones atmosféricas.

Pero Fray Pedro de Alcántara no permaneció aislado del mundo, más bien al contrario protagonizó una dilatada vida de viajes y conversaciones con personajes tan relevantes como Francisco de Borja, Teresa de Jesús (a quien apoyó fervientemente en su proyecto de reformar la orden Carmelita) o incluso el propio Carlos I. En su retiro del cercano monasterio de Yuste le propuso ser su confesor y consejero espiritual en sus últimos momentos de vida, sin embargo como gesto de humildad, el franciscano rechazó la oferta y continuó con su labor monástica.

Gracias a esos numerosos desplazamientos Fray Pedro pudo fundar nuevos monasterios, entre los que destaca con diferencia el de San Pedro del Palancar. Fruto de una humilde donación, este constituyó un buen ejemplo de hasta donde llevó sus anhelos de pobreza extrema con los que realizó la reforma de la orden franciscana en el año de 1557.

Lo realmente significativo de este lugar es que solamente ocupa unos setenta metros cuadrados, en los cuales no falta capilla, comedor, claustro, e incluso las celdas destinadas para cada uno de los monjes (excepto para su fundador, que dormía en el diminuto hueco de la escalera). Y es que, entre las extraordinarias facultades de Fray Pedro de Alcántara, destacaba el hecho de que apenas necesitaba del sueño, a lo que habría que añadir las largas temporadas que pasaba sin probar bocado alguno.

Estas prácticas extremas hacían que el futuro santo (que en principio tenía un buen parecido físico) ofreciera una imagen lamentable. Santa Teresa admiraba aquellas penitencias afirmando que, si efectivamente parecían locuras, eran delirios por amor... a Dios.

Pero los planes de Fray Pedro no acabaron aquí. Marchó a Ávila donde fundó su ultimo centro espiritual en Arenas de San Pedro. Allí permaneció hasta el otoño de 1562 cuando, tras pedir perdón a su cuerpo (por el trato que le había dado con tanto ayuno y tanta penitencia), aceptó la muerte con serenidad rezando un *miserere*. Dejó tras de sí una auténtica estela de santidad que acabó reconociéndose en 1622 cuando se le beatificó. Clemente IX le canonizó en 1669.

Fray Juan de los Ángeles
(Lagartera, Toledo, 1548-Madrid, 1609)

Juan Martínez fue franciscano y escritor en tiempos de Felipe II. Su formación le hizo conocer bien los clásicos. Es posible que fuera alumno de Fray Luis de León en Salamanca. Se dedicó a la enseñanza, a predicar y a fundar varios conventos, entre ellos el de Torrejoncillo del Rey en Cuenca. Gracias a su empeño se ordenaron las bibliotecas de los conventos. Su renuncia a cargos administrativos le granjeó enemistades en su orden. Murió en el convento de las Descalzas Reales de Madrid.

Lo más destacado de su obra fue la elaboración de su teoría sobre el amor místico, muy bien trabajada y no exenta de racionalidad, que plasmó en libros como *Triunfos del amor de Dios*, escrito en 1584, que tuvo su continuidad en la *Lucha espiritual y amorosa entre Dios y el alma*, de 1600. Fue revisada en *Diálogos de la conquista del espiritual y secreto reino de Dios*, 1595, y *Manual de vida perfecta*, 1668. Se inspiró en el místico flamenco Jan van Ruysbroeck quien postulaba por un proceso de acercamiento a lo divino mediante tres purificaciones: la sensorial, la de la imaginación y la del razonamiento.

Fue un hombre más erudito que experimentador místico y, a pesar de su filiación franciscana, es quien primero cita a San Juan de la Cruz, al que elogia favorablemente en un momento en que el carmelitano estaba muy cuestionado por la ortodoxia católica.

Fray Diego de Estella
(Estella, Navarra, 1524-Salamanca, 1578)

Diego Ballestero de San Cristóbal y Cruzat, también conocido como *Didacus Stellae,* era sobrino de San Francisco Javier y destacó como tratadista del ascetismo, humanista y teólogo.

Profesó como fraile franciscano en Salamanca, donde ingresó en 1541. Felipe II le nombró consultor y predicador y mantuvo una cercana amistad con Ruy Gómez de Silva, príncipe de Éboli, de quien fue consejero, lo que le llevó a residir frecuentemente en Portugal. A su vuelta a España se le obligó a retirarse a Toro por sus diferencias con el obispo de Cuenca, padre Fresneda, confesor del rey. Declarado inocente regresó a Salamanca donde fue procesado por la Inquisición por su libro *Enarrationes sobre el Evangelio de San Lucas*. Al final de su vida se negó a ser provincial de los franciscanos.

Algunas de sus obras ascéticas fueron muy influyentes en su tiempo, como el *Tratado de la vanidad del mundo* o las *Cien meditaciones devotísimas del amor de Dios*.

Fray Luis de León
(Belmonte, Cuenca, 1527/8-Madrigal de las Altas Torres, Ávila, 1591)

Hay quien afirma que no hay razones de peso para considerar a Fray Luis de León místico. Puede que tengan razón, pero es indudable que su estilo lírico influyó notablemente en el resto de místicos, por lo que merece un lugar destacado entre ellos.

En su familia hubo varios catedráticos y jueces. El mismo fue hijo de un abogado que, pese a estar afincado en Belmonte (Cuenca), no tardó en trasladarse a Madrid al establecerse allí la corte.

Como era habitual, ingresó en la Universidad de Salamanca, pero su estancia fue mucho más prolongada que los místicos que ya conocemos. Fray Luis profesó en los agustinos y se doctoró en Teología. Tuvo algunos problemas derivados de la fuerte competitividad universitaria de Salamanca, donde sufrió envidias que tiempo después le traerían graves problemas.

Estatua de Fray Luis de León en la Universidad de Salamanca.

Finalmente accedió a la plaza de profesor de filosofía moral y poco después acabó siendo catedrático. De su labor como profesor lo dicen todo sus propios alumnos, entre los que se encontraba San Juan de la Cruz. Lamentablemente aquel puesto también le supuso granjearse la enemistad de varios enemigos.

Desde su oposición a la cátedra, Fray Luis fue considerado la representación de los agustinos contra los dominicos, quienes no tardaron en abrirle un proceso inquisitorial por traducir los textos bíblicos como el *Cantar de los Cantares* al castellano. Este detalle, en apariencia inocente, contradecía de pleno doctrinas nacidas en el Concilio de Trento porque, al ser traducido, los textos quedaban sujetos a la libre interpretación de sus lectores.

Además, en el proceso se añadió la acusación de que Fray Luis prefería los textos bíblicos en hebreo antes que en latín (idioma al que lo había traducido san Jerónimo). Esto que sería un deseo de conocer las fuentes originales de los textos, se interpretó como un gesto típico de judaizantes. Además se intentó esgrimir la existencia de unos antepasados judíos que Fray Luis tenía por vía materna. Al final los múltiples cargos le llevaron a ser encarcelado durante cinco años.

Lógicamente aquellos años de presidio marcaron notablemente la personalidad de Fray Luis, pero esté demostró que seguía siendo el mismo con su célebre frase de *Dicebamus hesterna die...* Expresión con la que retomó sus clases tras cinco años de retiro y que significa «Como decíamos ayer…».

Efectivamente, así continuó sus clases, sin perder de vista a Cicerón, Eurípides o Virgilio. Los clásicos siguieron siendo su principal referencia pero su desencanto hacia la sociedad que le rodeaba hizo que sintiera predilección por poetas como Horacio que incitaban al gusto por la soledad y por vivir al margen del mundo. Así lo plasmó Fray Luis con sus excelentes versos, basados en el *Beatus Ille* horaciano:

¡Qué descansada vida
la del que huye del mundanal ruido,
y sigue la escondida
senda, por donde han ido
los pocos sabios que en el mundo han sido!

Poco a poco sus inquietudes intelectuales se fueron modificando a favor de cuestiones como los efectos espirituales que producían la música o la astronomía. Para ello se retiraba a una finca perteneciente a los agustinos cerca de Salamanca, donde rodeado de naturaleza llegó el final de sus días. Fue quien mejor y escribió aquellos versos que defendían el abandono de lo terrenal en busca de la consecución de la más alta libertad:

Vivir quiero conmigo,
gozar quiero del bien que debo al cielo,
a solas, sin testigo,
libre de amor, de celo,
de odio, de esperanzas, de recelo.

Para Fray Luis de León, el monaterio de Yuste, en Cáceres, era el lugar perfecto de retiro, algo que fue compartido por Carlos I de España, que dejó el gobierno para recluirse en él hasta su muerte.

San Francisco de Borja
(Gandía, Valencia, 1510-Roma, 1572)

Francisco de Borja y Trastámara fue el tercer General de la Compañía de Jesús, pero antes había sido el cuarto Duque de Gandía, Grande de España y Virrey de Cataluña. Su bisabuelo fue Rodrigo de Borja, que fuera el Papa Alejandro VI, más conocido como la cabeza de la familia Borgia, padre de los famosos César y Lucrecia, hijos también de Vanozza dei Catanei.

El padre de Francisco fue un adelantado de la monarquía castellana. Luchó en las Germanías al lado del rey y fue herido varias veces. Tras ser derrotados de Vernissa en julio de 1521, mandó al pequeño a Zaragoza, junto a su tío el arzobispo Juan de Aragón.

A los diecisiete años, entró al servicio del César Carlos, con el que llegó a tener cierta amistad. Aconsejado por Isabel de Portugal, la emperatriz, contrajo matrimonio con Leonor de Castro, una de sus doncellas. Del matrimonio nacieron ocho hijos sin grandes intervalos. El primero fue Carlos de Borja i de Castro, que sería quinto duque de Gandía; Isabel; Juan, primer conde de Mayalde; Alvar; Joana; Ferrán; Dorotea y Alfonso.

Aún era soldado y ejercía como cuarto duque de Gandía cuando fue nombrado virrey de Cataluña y tuvo que encargarse de terminar con los bandoleros. En aquellos años tuvo fama de hombre severo que trató de inspirar en sus súbditos y su familia la conveniencia de una vida piadosa, espiritual..., y prolífica en cuanto a cumplir el mandato divino de «creced y multiplicaos», eso sí según las normas aceptadas como buenas por la Santa Madre Iglesia.

Quizá por eso, cuando su esposa Leonor falleció en 1546, y siendo sus hijos ya mayores, quiso seguir su verdadera vocación. Y para ello frecuentó más a sus amigos que estaban en la Compañía de Jesús, donde solicitó su admisión en 1548.

Siendo ya jesuita, Ignacio de Loyola le mandó ir a Roma en 1550. Debía estar presente en la fundación del Colegio Romano, el centro docente de la orden. También renunció a sus cargos políticos para ordenarse como sacerdote en Oñate, con lo que dio comienzo su camino hacia la santidad.

Acudió a la extremaunción de doña Juana la Loca y viajó hasta Yuste a ver al emperador, siempre trabajando por la expansión de la Compañía, aunque no quiso aceptar la dignidad de ser cardenal. Al fallecer Carlos I se enturbiaron sus relaciones con Felipe II, que había ejecutado a su hermano Diego y encarcelado a Felipe, implicados los dos en el asesinato del hijo del duque de Segorbe. «Casualmente», fue entonces cuando la Inquisición empezó a sospechar de él, así que tuvo que marchar a Portugal, de donde marchó a Roma. Cuando murió San Ignacio de Loyola, fue nombrado superior general de los jesuitas.

A partir de entonces se entregó por entero a su labor, sin abandonar sus aficiones como escritor y músico, componiendo varias cantatas, algunos motetes y una misa.

En 1571 embarcó rumbo a Barcelona para preparar la campaña contra los turcos que culminaría en Lepanto. También tuvo la fuerza y el coraje necesarios para atravesar los Pirineos en el frío enero de 1572 para intentar llegar a tiempo de evitar que Margarita de Valois, hermana de Carlos IX de Francia, se casara con el hugonote Enrique de Navarra, aunque no tuvo éxito en su pretensión.

Un santo en la familia valenciana de los Borja, que en Italia serían los famosos Borgia, San Francisco, que llegó a ser superior general de los jesuitas. Fragmento de un óleo de Alonso Cano, pintado en 1510. Museo de Bellas Artes de Sevilla.

Y volvió a Roma para fallecer el 30 de septiembre de ese año, tras realizar una corta visita al ducado de Ferrara, donde comprobó que su abuela Lucrecia de Borgia había tenido una mala fama que no estaba justificada. Le acompañó su hermano Tomás, que le asistió en su lecho de muerte hasta que entregó su alma al Dios que tanto amaba.

Su proceso de beatificación culminó en 1624, cuando su cuerpo fue trasladado hasta Madrid. Fue declarado santo en 1671 por Clemente X: «*Franciscus Borja. III Generalis Praepositus. Ilustre por la austeridad de su vida, por el don de la oración, por las dignidades de la vida mundana a las que renunció y por las de la Iglesia, que rechazó*». Su cuerpo desapareció en mayo de 1931, tras ser quemada la iglesia madrileña de la Compañía de Jesús donde se le veneraba.

Aún queda algún resto disperso del santo que afirmó un día: «*Esta mañana, durante la meditación, caí en la cuenta de que mi verdadero sitio está en el infierno y tengo la impresión de que todos los hombres, aun los más tontos, deberían gritarme: ¡Ve a ocupar tu sitio en el infierno!*»

San Juan de Ávila
(Almodóvar del Campo, Ciudad Real, 1500-Montilla, Córdoba, 1569)

El maestro de Santos o Apóstol de Andalucía, como también era conocido Juan de Ávila, fue el primer místico como tal del Siglo de Oro, precursor de quienes le siguieron.

Juan Ávila Gijón nació a finales de 1499 en Almodóvar del Campo en el seno de una familia pudiente. Su padre Alfonso, de origen judío, tenía minas de plata en Sierra Morena y su madre Catalina aportaba la hidalguía que completaba el estatus familiar.

A los catorce años fue enviado a Salamanca para estudiar leyes, pero tras una crisis personal regresó su pueblo natal para dedicarse a la oración y aclarar ideas. Fue entonces cuando decidió cambiar su destino hacia Alcalá de Henares, donde no solo completó sus estudios, sino que además conoció a personajes muy determinantes en su vida como su compañero Pedro Guerrero, que acabaría siendo Obispo de Granada. Incluso es posible que en su último año en la Universidad Complutense, 1526, estableciese contacto con el que luego sería San Ignacio de Loyola.

Lamentablemente ese mismo año murieron sus padres. El futuro San Juan de Ávila, que acababa de ser nombrado sacerdote, regresó a Almodóvar del Campo para celebrar allí los funerales por sus padres. No solo eso, además comenzó a predicar con el ejemplo celebrando la Eucaristía con doce mendigos a su alrededor. Acto seguido, repartió todos los bienes de su herencia entre los más pobres y empezó a impartir doctrina por la geografía patria.

La primera región elegida fue Andalucía, en la que su elocuencia sorprendió a todos, incluso a él mismo (reconocía sin pudor sentir vergüenza cuando hablaba en público). Sin embargo su éxito arrasador también le ocasionó algún desagradable incidente, como sucedió en Écija donde un comisario quiso sermonear su bula al mismo tiempo que predicaba Juan. Para su pasmo, el público fue desapareciendo camino de la iglesia donde lo hacía el de Almodóvar. El comisario se dirigió allí, y tuvo una acalorada discusión con él, llegando incluso a propinarle una sonada bofetada. Entonces el místico, dando ejemplo, se postró de rodillas reclamando la que le faltaba en la otra mejilla.

Episodios como este hacían que su fama creciese tanto entre sus seguidores como entre sus detractores, que también los tuvo, pues ante todo Juan de Ávila y sus prédicas eran un asunto algo incómodo para ciertos estamentos del poder. Por ejemplo, les negaba la entrada a los cielos por su apego a las riquezas, al tiempo que consideraba que los herejes eran unos mártires de su tiempo y que la oración era más productiva si se interiorizaba.

Por estas y otras teorías fue denunciado a la Inquisición y con treinta y dos años le fue abierto un proceso por «*Haber proferido en sus sermones y fuera de ellos algunas proposiciones que no parecieron bien sonantes*». Esto le costó varios años de prisión, que aprovechó para empezar a escribir su obra más famosa *Audi Filia*. Finalmente y con no poca ayuda de buenos e influyentes amigos fue liberado, iniciando así una nueva e intensa vida pública predicando por toda Andalucía y el sur de la Mancha. Se centró en la zona de Córdoba, donde conoció a Fray Luis de León.

Su labor evangelizadora se vio reforzada con la fundación de algunos centros educativos, entre los que destacó la Universidad de Baeza (no exenta de polémica, pues se la llegó a relacionar con los Alumbrados).

Su vida humilde y su excelente oratoria elevaron su fama y pronto fue reclamado por arzobispos deseosos de que predicase en sus diócesis. De esta forma llegó a Granada llamado por Gaspar Dávalos quien se convirtió en otro de los muchos admiradores del humilde sacerdote.

En aquella etapa destacaron también el futuro San Juan de Dios y Francisco de Borja, del que ya hemos hablado. Este segundo estaba en Granada tras la muerte de la emperatriz Isabel (de la que dicen las leyendas estaba profundamente enamorado). Este fue el momento en que el valenciano y Juan de Ávila se conocieron, en un momento emocionalmente delicado para el primero, que tenía encomendada la desagradable misión de confirmar que los restos que llevaron a Granada eran los de la reina. Para ello era necesario que Francisco de Borja abriese el ataúd contemplando el cadáver.

Dicen que horrorizado pronunció en ese momento su famosa frase: *«no volveré a servir a señor mortal»*. Se desligaba así del mundo de la política para entregarse a la vida espiritual y financiar con su fortuna las propuestas de las nuevas reformas monásticas, en especial la de los jesuitas.

Pasados los cincuenta, Juan de Ávila consideró que ya tenía edad suficiente como para retirarse a Montilla (un pueblo cordobés donde había tenido excelente acogida), donde continuó su labor evangelizadora, además de responder a la gran cantidad de cartas escritas por altas jerarquías de la iglesia, nobles, religiosos y religiosas (como Santa Teresa) o sencillamente hombres de a pie pidiéndole consejo.

Al mismo tiempo rechazó las propuestas que se le ofrecían para ocupar puestos destacados dentro de la iglesia (el Papa Paulo III le propuso ser cardenal) y se dedicó a perfeccionar *Audi Filia*, entre otras obras, mientras su vida se hacía cada vez más ascética.

Finalmente en 1569 y asegurando que ya no tenía *«pena de este negocio»* (refiriéndose a la vida), Juan de Ávila moría causando un fuerte impacto entre otros místicos. Santa Teresa lloró amargamente su muerte y su viejo amigo Fray Luis de Granada se encargó de transcribir su biografía. Pablo VI le canonizó en 1970.

María Jesús de Ágreda
(Ágreda, 1602-Ágreda, 1665)

María Coronel y Arana, la venerable sor María Jesús de Ágreda o Madre Ágreda, nació el 2 de abril de 1602, y llegó a ser a los veinticinco años abadesa del convento de las Madres Concepcionistas (fundado por sus padres) de la importante localidad soriana donde nació y cuyo nombre incorporó al suyo.

Su santidad trascendió las paredes del lugar que nunca abandonó en vida, donde se sometió a fuertes mortificaciones y penitencias corporales. Incluso fue procesada por ello y absuelta poco después.

Fue famosa en su tiempo por la abundante correspondencia que cruzó con Felipe IV, que se produjo entre los años 1643 y 1665, en la que le aconsejaba sobre temas de Estado.

Objetos personales en el escritorio de María Jesús de Ágreda, donde pueden verse objetos curiosos, como un cráneo que podría pertenecer a un niño muy pequeño, aunque también podría tratarse de un feto procedente de un aborto espontáneo.

Hoy ha vuelto a revivir su fama al repasarse su biografía. Al parecer era capaz de bilocarse. Incluso frailes franciscanos e índigenas reconocían que había predicado en Nuevo México sin haber salido nunca de la celda de su convento soriano.

El proceso que condujo a la beatificación de su cuerpo, hasta hoy incorrupto, se inició en 1673, aunque solo se ha conseguido hasta ahora que Clemente X le concediera el título de «Venerable», debido a las reticencias que levantaron algunos de sus escritos. Siguiendo la senda marcada por el franciscano Juan Duns Scoto, escribió *Escala ascética*, *Ejercicios cotidianos y doctrina para hacer las obras con mayor perfección*, *Conceptos y suspiros del corazón para alcanzar el verdadero fin del agrado del Esposo y Señor*, *Mística Ciudad de Dios* (publicada en 1670 y prohibida por la Inqui-

Estatua de la Venerable Madre Ágreda, como la llaman quienes reclaman su canonización, aunque la Iglesia se muestra muy reticente, sobre todo por su casi desconocida obra *Tratado sobre la redondez de la Tierra*.

sición, aunque después rehabilitada), *Correspondencia privada con Felipe IV*, *Vida de la Virgen María* y el *Tratado sobre la redondez de la Tierra*, un manuscrito polémico inédito en España, que puede consultarse en la Biblioteca Nacional de Madrid, y que trata de las visiones que obtuvo durante sus andanzas «fuera de su cuerpo».

Miguel de Molinos
(Muniesa, Teruel, 1628-Roma, 1696)

Su nombre completo fue Miguel de Molinos Zuxia, hijo de Pedro y Ana María. Estudió en Valencia, donde consiguió el doctorado en Teología y alcanzó la dignidad sacerdotal, lo que le permitió ser confesor de monjas y penitenciario del Colegio del Corpus Christi. El gobierno del reino de Valencia le mandó a Roma en 1665 para defender la beatificación de Francisco Jerónimo Simó. Allí, en la iglesia agustina de San Alfonso comenzó a tener fama de iluminado y asceta. Llegó a ser amigo del Papa Inocencio XI y pudo cartearse con la reina Cristina de Suecia.

En aquellos años escribió la *Guía espiritual*, seguida de un descriptivo subtítulo: «*Que desembaraza al alma y la conduce por el interior camino para alcanzar la perfecta contemplación y el rico tesoro de la interior paz*». Su doctrina es que, para alcanzar el amor de Dios, hay que abstenerse de hacer cualquier cosa que no sea el procurar la pureza en ausencia de pecado, dejándole a él que obre. El vacío espiritual es el mejor camino para llegar a Dios (como una especie de versión occidental de las lejanas doctrinas del budismo zen).

No había de pasar mucho tiempo antes de que interviniera la Inquisición ante la popularidad que alcanzaron sus ideas. En 1678 fue acusado por los jesuitas Gotardo Bell'Uomo y Paolo Segneri de defender posturas nihilistas. La réplica fue su *Defensa de la contemplación* (1679-80), que no sería publicada.

Molinos y algunos de sus seguidores fueron detenidos en el verano de 1685 para sufrir un proceso lento y tedioso en el que hubo que recurrir al tormento para que confesaran algo por lo que condenarles. Aunque fueran inocentes, lo hicieron, reconociendo desviaciones doctrinales y pecados contra la moralidad como, por ejemplo, la promiscuidad y la sodomía.

Tuvo que retractarse de sus errores en la iglesia de Santa María sopra Minerva y fue condenado a reclusión y a llevar siempre un hábito penitencial y el rezo diario de un tercio del Rosario y un Credo. Su antes amigo Inocencio XI ratificó la sentencia en la bula *Coelestis pastor*, a pesar de que en un momento quiso hacerle cardenal.

Molinos y su doctrina, el quietismo, constituyen la decadencia en la tradición mística del Siglo de Oro. Sus ideas no cuajaron en España, pero sí en el resto de Europa, destacando el apoyo que recibió del teólogo François Fénelon. Ya en el siglo XX, el poeta José Ángel Valente se inspiró en parte en sus ideas.

Otras obra suyas fueron *La devoción de la buena muerte*, 1662, que publicó con el seudónimo de Juan Bautista Catalá, y *Tratado de la comunión cotidiana*.

Miguel de Molinos.

Capítulo V

LAS INFINITAS GUERRAS

La guerra de las Alpujarras

Al tiempo que surgía toda esa eclosión espiritual, el imperio español estuvo marcado por la guerra como continuo ruido de fondo. Igualmente paradójico resulta constatar cómo, a pesar del poco gusto del Rey Prudente por la guerra, terminase por llevar a cabo algunas de las operaciones militares más decisivas de la historia de occidente. Y es que la situación política del siglo XVI se había vuelto enormemente compleja. El primer conflicto y seguramente el más doloroso fue la guerra de las Alpujarras. Si todas las guerras suponen sufrimiento, se agudizan más cuando son enfrentamientos civiles, dado que en este caso ambos bandos eran españoles pese a sus diferencias culturales, sociales o religiosas.

Tras la conquista del reino Nazarí de Granada, se firmó un tratado de paz en el que se incluían las Capitulaciones, que no eran sino leyes mediante las cuales la población granadina (musulmanes convertidos al cristianismo, llamados moriscos) se comprometía a integrarse en la sociedad cristiana, y no solo bautizándose, sino además abandonando radicalmente sus costumbres, idioma, etc...

La Inquisición exigió una conversión inmediata de todas aquellas gentes. Paralelamente personajes como Hernando de Talavera apostaron por la coherencia, haciendo ver que aquella conversión masiva además de ser ineficaz era imposible. En primer lugar, porque la conversión al cristianismo no significaba solo ser bautizado, también era necesario adquirir una serie de conocimientos que por falta de predicadores del Evangelio, la iglesia no podía ofrecer.

Por ello hubo que reunir una suculenta suma de dinero que los moriscos pagaron a la corona para que se estableciese una tregua que ampliase el plazo de conversión. Como ya veremos más adelante, las costumbres de los moriscos se consideraron heréticas, cuando simplemente se mantenían por desconocimiento o por el simple hecho de ser comunes en la zona mediterránea.

Lo cierto es que la industria y las actividades que desarrollaban los moriscos favorecían a la economía de España, pero la continua amenaza del Turco fomentó la desconfianza sobre ellos a quienes se veía más o menos como una quinta columna operando desde las sombras.

Por estas extrañas razones o por el beneficio económico que suponía presionar cada vez más ese recorte de libertades, la Audiencia de Granada impuso una nueva ley, «la Pragmática».

Un año más tarde, en 1568, la población morisca de las Alpujarras se hartó, alzándose en armas en plena sierra granadina y nombrando líder a Fernando de Córdoba y Valor. Este era un hombre de cuarenta y ocho años de edad, proveniente de la nobleza nazarí. Por ello mismo y proclamándose rey de Granada y Córdoba se hizo llamar Abén Humeya o lo que es lo mismo Ibn Omeya, puesto que se le consideraba descendiente de los Omeyas de la Córdoba Califal.

A pesar del poco futuro que se pronosticaba para este movimiento, se estableció una jerarquía en la que participaba su tío Ben Saguar y su gran oponente Farax ben Farax, quien a su vez se tenía por descendiente de los Abencerrajes.

Para evitar discrepancias, Farax había sido nombrado gran visir y como tal se dirigió a la ciudad de Granada, donde pretendía azuzar un alzamiento en el barrio del Albaicín. Sin embargo él y sus doscientos hombres fracasaron, escapando a la serranía y empleando la guerra de guerrillas.

Los cristianos contaban a su favor con un mejor ejército, pero los moriscos jugaban en casa obteniendo las ventajas logísticas de conocer bien la sierra, en cuyas escarpadas cumbres existía toda una red de atalayas (torres vigías) desde donde se controlaban amplias zonas. Esto hizo que el arma protagonista de esta guerra no fuese ni el arcabuz ni la ballesta, sino la honda típica de los pastores.

El ejército de los rebeldes era inferior numéricamente, sobre todo al no conseguir el apoyo de los Turcos (como se suponía que habría de ocurrir). A esta inferioridad se le añadieron las rivalidades internas de su propio bando. Las facciones principales se organizaron en torno a Aben Humeya, caracterizado por su prudencia, mientras que los seguidores del gran visir Farax tuvieron un comportamiento casi tiránico, ensañándose en los saqueos y mostrándose inclementes con los disidentes de su causa.

Capileira, un pueblo en Las Alpujarras, lugar donde se desarrolló la guerra contra los moriscos.

Fruto de estas rencillas murió Aben Humeya tan solo un año después de su nombramiento. Lo que no sirvió de óbice para que los moriscos siguiesen plantando cara al ejército de Felipe II.

Así ocurrió durante el periodo en el que el Marqués de Mondéjar estuvo al frente de la tropa del rey, en el que crecía la tensión entre ambos bandos. Pero con la incorporación del jovencísimo don Juan de Austria, las tornas de la guerra cambiaron definitivamente. El hermanastro de Felipe II había llegado desde Italia con un ejército profesional mejor organizado y a la postre más eficaz que el de los rebeldes.

La estrategia de don Juan fue declarar la guerra contra los seguidores de Ben Aboo (sucesor de Aben Humeya), mientras que concedía el perdón a aquellos que se rindiesen. Esto determinó la victoria para el bando cristiano, ya que los seguidores de Ben Aboo cada vez fueron menos, y estaban más aislados. Pese a que este era un buen estratega el desánimo cundió entre sus filas y finalmente fue apuñalado en una emboscada en la cueva de Bérchules (se dice que fueron sus propios seguidores, aunque también pudieron ser agentes secretos del enemigo).

En definitiva, aquella fue una guerra cruel en la que hubo grandes matanzas como sucedió en el pueblo de la Galera, masacres en las que como suele suceder, los perjudicados fueron los más débiles.

En 1571 llegó la paz y con esta consecuencias no menos tristes, como la dispersión de las familias moriscas de las Alpujarras en diversos puntos de la geografía española, donde nunca fueron bien aceptados, viviendo siempre bajo la atenta mirada inquisitorial.

Por lo tanto los motivos religiosos fueron la parte visible de un problema que radicaba principalmente en cuestiones sociales y que como bien dijo el cronista Ginés Pérez de Hita hizo de esta una guerra de «Christianos contra Christianos». Una vez más la educación hubiese evitado miles de muertes.

La Batalla de Lepanto

En aquellas mismas fechas y al otro lado del Mediterráneo se vivía una situación bien distinta. El imperio Otomano (también llamado Turco) alcanzaba su máximo esplendor extendiéndose desde el actual Irak hasta Marruecos, y desde El Yemen hasta las puertas de Viena. Lógicamente en sus planes estaba seguir avanzando.

Desde los reinos cristianos se intentó hacerle frente, sobre todo desde islas como Creta o Malta, que resistió ejemplarmente al asedio turco. Sin embargo no corrió la misma suerte la isla de Chipre cuyo caída fue una voz de alarma a la República de Venecia.

Por entonces la ciudad de los canales, que aún conservaba el monopolio del comercio en el Mediterráneo, vio en la expansión turca una seria amenaza, ante la cual no le quedó más remedio que recurrir al auxilio papal. El Vaticano a su vez hizo un llamamiento al resto de potencias cristianas, obteniendo tan solo la ayuda de la orden de Malta, el Ducado de Saboya, la República de Génova y España.

Levante venía sufriendo desde tiempo atrás constantes ataques de los piratas berberiscos, financiados por los turcos, que hacían de las suyas a la menor ocasión, facilitando una oportunidad idónea para que los turcos atacasen España.

El equipo formado por los cristianos se llamó la Liga Santa y su principal dirigente nuevamente fue don Juan de Austria. El hermano de Felipe II no alcanzaba aún los veinticinco años de edad y sin embargo ya había demostrado excelentes dotes para el mando en las Alpujarras. Además contaba con el apoyo de veteranos como Álvaro de Bazán, uno de los mejores marinos de España o el genovés Gian Andrea D´Oria.

En el puerto de Mesina (Sicilia) se había reunido la tropa de la Santa Liga formada principalmente por doscientas seis galeras, seis galeazas, además de veinte navíos armados, así como buques ligeros como eran bergantines y fragatas (destinados a labores de reconocimiento). Pero el arma fundamental de aquel contingente fue que estaban dotadas con más de mil doscientas piezas de artillería, entre cañones, arcabuces, mosquetes....

Es decir que, aproximadamente, la armada contaba con unos noventa mil hombres repartidos entre los marinos, tropa, galeotes, etc..., y es que cada embarcación era un mundo.

En el caso de la galera, se trataba de un navío recuperado del mundo clásico, usado ya por romanos, cartagineses y griegos, que le

Don Juan de Austria, Jeromín, hermano bastardo de Felipe II y comandante de las tropas de Lepanto.

dieron el nombre de galaya (pez espada). Su función principal era embestir, ya que contaba con un espolón en la proa con el que arremetía al enemigo.

Pero para ello necesitaba alcanzar una velocidad suficiente y, aunque contaba con un buen velamen, requería una cantidad importante de remos batidos por galeotes o «chusma», como eran llamados.

Los remeros forzados solían ser presos de guerra, o condenados por diversos delitos, aunque también había casos excepcionales de remeros voluntarios (por lo general viejos galeotes incapaces de reinsertarse en la sociedad).

Colocados en bancos de a tres y dispuestos en filas a lo largo de todo el casco de la galera, tenían que mover unos remos de doce metros de largo y de entre ciento cincuenta y ciento treinta kilos de peso. Los piezas se movían al toque del cómitre (un oficial encargado de marcar el paso con un tambor o trompeta) que en no pocas ocasiones coincidía con el sonido del látigo en la espalda de algún remero.

La vida de galeote era realmente miserable, la comida era escasa, basada en legumbres y pan, la higiene se limitaba a raparles el pelo (excepto a los cautivos musulmanes a quienes se les dejaba un mechón por cuestiones religiosas). Además, esta medida obedecía también a cuestiones de seguridad al hacerles más identificables si se fugaban.

En este estado, era frecuente que los galeotes tuviesen una esperanza de vida muy corta, y de sobrevivir acababan con una desproporción en su masa muscular que les hacía casi deformes.

Un inciso, años después de la batalla surgió un curioso enfrentamiento. Tras la publicación de la primera parte de *El Quijote,* apareció otro libro que parodiaba la obra de Cervantes conocido como *El Quijote de Avellaneda* escrito por un tal Alonso Fernández de Avellaneda. Las sucesivas investigaciones llegaron a la conclusión de que tal autor no existía puesto que en realidad era un pseudónimo. En tal caso ¿Quién se escondía tras Alonso Fernández de Avellaneda?

La teoría más convincente nos habla de que pudiera tratarse de un enemigo literario de Cervantes. Este antagónico personaje podría ser Jerónimo de Pasamonte, otro joven literato que como Miguel de Cervantes participó en la batalla de Lepanto. El enfado aparece en una velada mención que le brinda Cervantes, cuando el ingenioso hidalgo libera a unos desvergonzados galeotes a cuya cabeza se encontraba un tal Ginés de Pasamonte.

Pero volviendo al fragor de la batalla, nos encontramos con la tropa turca, dirigida por el señor de Argel, Alí Bajá, cuyo poder tampoco se quedaba a la zaga. Sus hombres eran algo menos (ochenta y tres mil), pero por el contrario tenían más galeras (doscientas veinte) así como otras tantas embarcaciones ligeras, las dieciocho fustas y las treinta y ocho galeotas (galeras ligeras con un único galeote por remo). Pero la artillería otomana se limitaba a setecientas cincuenta piezas, claramente inferior a la cristiana y pese a las flechas envenenadas que lanzaban sus jenízaros, este punto fue decisivo en el desarrollo de la batalla.

En Mesina se debatió cual era la mejor forma de entrar en batalla, dudando si era mejor lanzar una avanzadilla de señuelo o pasar directamente a la acción. Don Álvaro de Bazán apostó por la segunda alternativa atacando directamente al turco en su propio territorio. Con lo cual la batalla no se hizo esperar.

El 29 de septiembre de aquel 1570 los barcos de Alí Bajá se encontraban en el golfo de Lepanto (Grecia). La fortificación del puerto hacía de este un lugar inexpugnable. Precisamente cuando la tropa de la Liga Santa apareció a su encuentro, Alí Bajá recomendó al almirante Uluch Alí permanecer bajo la protección portuaria, pero este desobedeció la orden y se unió al enfrentamiento directo en alta mar.

Las naves cristianas se habían desplegado en tres alas, la central capitaneada por don Juan de Austria, a cuya reserva se encontraba don Álvaro de Bazán. Por el norte navegaba el gran Dux de Venecia Agostino de Barbárigo y al sur el genovés Andrea D´Oria, acompañado de Juan de Cardona.

Al igual que en el bando cristiano, la flota turca ocupaba varios kilómetros de línea, desde donde se esperaba como dijo el propio Cervantes *«La mayor ocasión que vieron los siglos»*. La estrategia de Alí Bajá fue la de encerrar las naves cristianas entre las suyas propias. Pero la resistencia de los flancos obligó al desafío directo entre la Real (galera de don Juan de Austria) y la Sultana (dirigida por Alí Bajá).

***Batalla de Lepanto**.* **Lápiz de Pablo Lueiro.**

En la colisión entre ambas galeras, el espolón de la Sultana se clavó en la Real, atravesando incluso varias filas de bancos de galeotes. La extensa longitud de los barcos hizo que la cubierta de ambos se convirtiese en todo un campo de batalla, en el que los arcabuces de los cristianos fueron comiendo terreno a las flechas turcas.

El ejército otomano fue cayendo hasta que se pudo hacer blanco en el propio Alí Bajá, quien llegó a resistir hasta siete arcabuzazos.

Cuentan que un galeote cortó la cabeza del líder turco mostrándola a la tropa, pero don Juan, poco amigo de la humillación, ordenó tirar la cabeza al mar y ahorrar así los momentos de mofa.

La batalla terminó con treinta mil bajas en bando turco y nueve mil en el cristiano, además de los numerosos heridos, entre los cuales se encontraba el propio Miguel de Cervantes quien con veintitrés años recién cumplidos había sido herido en el pecho y en la mano izquierda que le quedo inutilizada, valiéndole así el sobrenombre del manco de Lepanto.

Pero aquella batalla no terminó con la guerra y las flotillas berberiscas patrocinadas por los turcos siguieron haciendo de las suyas en la costa levantina. De hecho al regreso de la batalla de Lepanto la embarcación portadora de los heridos fue secuestrada por los piratas. Para mayor desgracia suya en aquella flota secuestrada rumbo Argel viajaba el manco de Lepanto.

La mal llamada «Armada Invencible»

Uno de los mitos clásicos que pasó a formar parte de la Leyenda Negra española es el caso de la Armada Invencible. A decir verdad, ningún español de la época llamó jamás así a ninguna escuadra enviada a Inglaterra en campaña alguna. La explicación de por qué se le designa así hay que buscarla en el Reino Unido donde, para glorificar su «victoria» se magnificó al enemigo. La realidad es que en aquella compleja operación militar, a la que Felipe II llamó «La empresa de Inglaterra» no hubo nunca un ganador o un vencido indiscutible.

El enfrentamiento indirecto que desde hacía tiempo protagonizaban España e Inglaterra terminó con la ejecución de María Tudor, primera esposa de Felipe II. Algo que, sumado a la problemática que significaban la piratería y el apoyo a los rebeldes de Flandes, fue la gota colmó el vaso.

Había que derrocar a Isabel I de Inglaterra, así que se desestimaron las alternativas benévolas contempladas hasta ese momento, como seducirla o llegar incluso a secuestrarla si fuese necesario.

En esta ocasión no había más remedio que tratar de invadir Inglaterra y acabar con el régimen de Isabel I, para luego establecer un gobierno títere al servicio de España. Pese a lo aparentemente complejo de esta operación, había alguna posibilidad de éxito. Así al menos lo creía don Álvaro de Bazán, todo un veterano marinero que había desarrollado un plan de ataque.

En primer lugar era imprescindible reunir una buena flota con la que poniendo rumbo a Flandes se recogiese a los tercios de Alejandro Farnesio allí acantonados. De esta forma cruzarían el Canal de la Mancha para finalmente desembarcar en las costas inglesas. Se contaba así con dos grandes militares del reino, el almirante Álvaro de Bazán en el mar y Alejandro, gobernador de los Países Bajos y duque de Parma, dirigiendo a los tercios por tierra.

Para llevar a cabo este plan lo único necesario era aumentar el número de navíos, que en este caso no eran tanto barcos de guerra como grandes galeones de transporte con los que trasladar a los soldados.

Construir aquella flota supuso un gran desembolso económico, que se sufragó a base de un impuesto extraordinario. El tributo fue recaudado entre otros muchos por Miguel de Cervantes, que por aquel entonces ya había sido liberado de su presidio en Argel, y trabajaba ahora como cobrador de impuestos.

Aun así el proyecto propuesto por Álvaro de Bazán fue recortado y muchos de los barcos que solicitó nunca llegaron a construirse. El armamento naval que los españoles estaban consiguiendo alertó rápidamente a Isabel I de Inglaterra, quien no dudó en organizar una serie de ataques relámpago a España, organizados por el corsario Francis Drake.

En 1587 Drake perpetró con los suyos un golpe de mano en la bahía de Cádiz. Allí consiguieron hundir algunos barcos de la incipiente armada española, pero lo que más daño ocasionó fue la destrucción de cientos de toneles destinados al transporte del agua. Este detalle constituyó un factor fundamental a la hora de organizar la logística posterior.

Sensiblemente disminuida con respecto al proyecto de Álvaro de Bazán, la que sí se llamó Gran Armada siguió preparándose. Al puerto de Lisboa iban llegando urcas (grandes barcos de transporte), galeones, galeazas, y galeras.

Este amalgama de navíos añadía un nuevo error al plan inicial. Exceptuando el galeón que era prácticamente la evolución de las antiguas carracas y carabelas, el resto de embarcaciones tenía grandes dificultades para navegar en el Atlántico.

La galera por ejemplo estaba destinada al suave clima mediterráneo, y pese a su efectividad en el combate se mostraba indefensa ante la furia del mar septentrional. Al contrario, las urcas, que sí estaban preparadas, eran navíos excesivamente lentos que condicionaban la eficacia del resto de barcos militares. Se sumaba la baja calidad de los cañones y resto de artillería, construidos a última hora. Por tanto, de los ciento treinta y cinco barcos que formaban la Gran Armada, solo sesenta y ocho serían efectivos ante el enemigo. Para colmo de males, el ataque de Drake a Cádiz había reducido el abastecimiento de la flota.

Por tanto, la realidad distaba mucho de lo propuesto por don Álvaro de Bazán, que no vería el fracaso de su empresa, ya que el 9 de febrero de aquel año de 1588 fallecía, sufriendo así un último revés la cada vez más inestable flota.

Le sustituyó el Conde Duque de Medina-Sidonia don Alonso Pérez de Guzmán. Hombre al que siempre acompaño una leyenda absurda de ser un fracasado incapaz. No es lo que demostró, sino más bien lo contrario, responsabilidad e incluso heroísmo, ya que conocía bien las circunstancias del reto al que se enfrentaba.

Pero a pesar de ello, tenía poca experiencia marinera, y cuando el rey le encomendó la Empresa de Inglaterra, humildemente rechazó la propuesta (previendo quizá el fracaso), pero no le quedó más remedio que ponerse al frente de la flota, rumbo a Inglaterra.

En las costas gallegas se percataron de la insuficiencia del abastecimiento. Hubieron de hacer una parada forzosa en La Coruña, perdiendo así un tiempo maravilloso para atacar y lo peor de todo, pusieron sobre aviso a las tropas inglesas, que intentaron hacer frente a la Gran Armada cuando surcaba el mar Cantábrico.

Es entonces cuando surge la leyenda de la partida de bolos de Playmouth Hoe, en la que se supone que jugaba Francis Drake cuando le informaron de la inminente llegada de tropas hispanas. Al parecer dijo, «todavía hay tiempo para terminar la partida de bolos, luego nos ocuparemos de los españoles». Una leyenda que de ser cierta no sería atribuible a la tranquilidad del corsario, sino a las adversidades climáticas que impedían en ese momento a los ingleses salir al encuentro de la Gran Armada.

Finalmente se produjo el encontronazo. Las tropas británicas, que no eran menos numerosas que las españolas (como frecuentemente se ha dicho) merodeaban en torno a la flota española. El Duque de Medina Sidonia, por expresa orden del rey, no atacó a los ingleses; era preferible perder algún barco de guerra antes que las urcas de transporte, ya que realmente eran estas las protagonistas del viaje.

Para desesperación británica, la Gran Armada hizo caso omiso de los cañonazos de las culebrinas inglesas (cuya munición podía llegar hasta a un kilómetro de distancia) y continuó hacia su destino.

En agosto y con un retraso importante (por la estancia excesiva en La Coruña) se hizo escala en Calais, momento que los ingleses aprovecharon para atacar. Es entonces cuando tuvo lugar el único enfrentamiento serio entre españoles e ingleses.

Drake envió ocho brulotes (barcos incendiarios) para provocar la dispersión de la flota española, y poder así atacar antes de que los navíos pudiesen situarse en formación defensiva.

Así sucedió en las proximidades de las Gravelinas. Los ingleses causaron perdidas importantes en la escuadra española, y pese a algún hecho destacable como la entereza del barco San Felipe, las pérdidas fueron suficientes como para que Alejandro Farnesio considerase imprudente embarcar a sus tropas en una flota insegura como aquella y que el Duque de Medina Sidonia diese por terminada la misión.

Por lo tanto, el intento de invadir Inglaterra se desestimó. La flota había salido de España bajo mínimos y aquel incidente anulaba por completo el plan. El almirante decidió regresar a España, pero el Canal de la Mancha se había vuelto impracticable, por tanto la única ruta era poner rumbo al norte rodeando Escocia, para descender por la costa oeste de Irlanda hacia el norte de España.

Pero aquel viaje resultó penoso. Las inclemencias del tiempo, las tormentas y la ineficacia de las galeras en aquellos territorios provocaron la mayoría de hundimientos de los barcos españoles. Aquello desbarató lo que quedaba de la flota.

El recorte presupuestario, sumado a las prisas de última hora, hicieron que la Gran Armada fuese un proyecto endeble en el que los primeros que desconfiaron fueron los españoles.

Las acometidas de Drake sirvieron solo para confirmar la imposibilidad de trasladar en aquellos navíos a los soldados, la climatología hizo el resto. Conclusión, si la Gran Armada fue un fracaso de España, en ningún momento fue una victoria de Inglaterra.

Prueba de ello es la intranquilidad de Isabel I ante una posible segunda intentona, por lo que volvió a enviar a Drake contra las costas españolas en las que se reparaban los maltrechos barcos.

Drake que tenía orden de atacar Santander, se dirigió primero a La Coruña, donde se supone había llegado un barco de América cargado de oro. Sin embargo en la capital gallega solo encontraron la oposición de los militares que protegían la ciudad.

La acción no tendría porque haber sido problemática, pero

Isabel Tudor, la Reina Virgen, protectora del corsario Francis Drake, al que utilizaría en contra de Felipe II.

un factor determinante fue el alzamiento en armas de la población civil gallega, que arcabuz en mano supo hacer frente a las tropas británicas desde el recinto amurallado de la ciudad.

Los soldados fueron ayudados por hombres y mujeres, entre los que destacó María Pita, una veinteañera que, presa de la furia por la muerte de su marido, arengó al resto de coruñesas a unirse a la contienda. Consiguió eliminar a un alférez inglés. Desde entonces y aunque no fue la única mujer que participó en el lance (también estuvo Inés de Ben), María Pita se convirtió en todo un símbolo de la resistencia cuyo ejemplo cundió incluso en la ciudad de Lisboa cuyas gentes también tuvieron que hacer frente a las tropas de Drake que creyéndose invencible hubo de saborear el amargor de la derrota.

La historia oficial puso este fracaso en el haber de la Gran Armada, porque al fin y al cabo el debe que fue su derrota pasó a ser un mito para los ingleses. Consideraban haber derrotado por primera vez a quienes eran invencibles, y su ilusión constituyó el incipiente adelanto de su poder futuro en los mares.

Tal y como dijo Felipe II, él no había mandado a sus barcos a luchar contra las tempestades, pero estas iniciaron el declive del poderío de los Austrias en materia naval.

El infierno de Flandes

Desde que los territorios flamencos se anexionaron a España en tiempos del emperador Carlos I, pocas fueron las veces en la que esta provincia de la actual Bélgica permaneció tranquila. Durante el gobierno de su padre, el príncipe Felipe fue nombrado gobernador. No tuvo en el cargo demasiados problemas, al contrario de lo que sucedió cuando fue coronado, hecho que coincidió con la organización de las primeras revueltas independentistas.

Ante la imposibilidad de controlar personalmente estos asuntos, el rey nombró sucesivos gobernadores que nunca supieron resolver del todo el conflicto. Y si la situación ya era compleja de por sí, se enredó mucho más con la designación del Duque de Alba.

Felipe II pensó que su pericia como militar era suficiente para resolver los problemas políticos. No fue así, porque como soldado que era intentó solucionar las dificultades *manu militari* y su brutalidad solo contribuyó a enredar el problema. La máxima tensión llegó cuando apareció un líder que aglutinaba a todos los rebeldes, el príncipe Guillermo de Orange.

El conflicto adquirió grandes dimensiones y la intervención militar era cada vez más estéril, con la consiguiente inversión que suponía pertrechar y enviar cada vez más y más tercios.

La vigente organización del ejército había sido diseñada por Gonzalo Fernández de Córdoba en tiempos de los Reyes Católicos. Cada tercio era dirigido por un capitán del que su compañía podía tomar el nombre (Fuenclara, Idiáquez, etc.). Un alférez y un sargento controlaban cada uno, cuyas armas características eran las alabardas. Siguiendo el orden jerárquico se encontraban tres o cuatro cabos encargados de organizar a la tropa. Todos tenían la tradicional bandera y el tambor que marcaba el paso de la tropa acompañado en ocasiones por una flauta. Los soldados se repartían principalmente dos tipos de armas: las picas y las diferentes piezas de artillería.

Los piqueros se encargaban de proteger con sus lanzas al cuerpo de artillería de los ataques de la caballería enemiga. Eran de madera de fresno y llegaban a alcanzar los cinco metros. Si los caballeros del bando opuesto se lanzaban contra el tercio, se encontrarían una barrera de lanzas impenetrable.

Las picas se dividían en dos modalidades, las secas y las armadas. Se diferenciaban únicamente en lo protegidos o no que vistiesen los piqueros, que se encargaban de avanzar como tropa de choque. De ahí nació la frase «*poner una pica en Flandes*» que indicar la dificultad que implica alcanzar ciertos objetivos.

Banderas de los tercios de Flandes

Spinola, 1621

Liga, 1571

Alburquerque, 1643

Protegidos por estas armas se hallaban los mosqueteros y arcabuceros. Los primeros fueron incorporados por el duque de Alba y tenían la ventaja de hacer puntería en blancos lejanos. Pero incluso así, acertar con un arma de fuego como era el mosquete no era fácil. Requería manejar con habilidad el arma, pero también saber cargarla en un tiempo mínimo sin soltar nunca la horquilla sobre la que se apoyaba, teniendo cuidado de no prender fuego a «los doce apóstoles» (doce pequeños frascos donde se guardaba la pólvora que iban colgados de una bandolera sobre el pecho). Un pequeño descuido, podía no solo dejar vía libre al enemigo, sino hacer que el mosquete explotase con las previsibles consecuencias.

Más ligero era el arcabuz, que se destinaba a la tropa de élite, encargada de misiones especiales como expediciones, avanzadillas y ocupar posiciones destacadas. Los arcabuceros eran los soldados mejor pagados y con mayor prestigio.

En el otro extremo estaban los bisoños, que eran los soldados más jóvenes. Estos solían ganar experiencia en Italia donde las batallas eran menos serias que en Flandes. Precisamente de allí viene su tan curioso nombre, que no es otra cosa que la traducción de la palabra «necesito» ya que constantemente estaban pidiendo cosas, «bisoño vino, bisoño pane...».

Una vez trasladados al norte, la tropa se endurecía. El frío y las pésimas condiciones económicas del ejército hacían que no solo hubiese que enfrentarse al enemigo, si no a la propia miseria de la administración. Estaba claro que en Flandes la guerra era distinta.

Cuando Felipe II se percató del inmenso gasto que le suponía el problema flamenco, dictaminó que lo más apropiado era endosar aquellas tierras a la dote de su hija Isabel Clara Eugenia cuando esta se casó con el Archiduque Alberto.

Este hombre, más prudente y conocedor de la idiosincrasia flamenca que muchos de los gobernadores españoles, sabía que había que sentarse a la mesa con los rebeldes y llegar a un acuerdo. Consiguió así unos años de paz que llegaron hasta mediados del reinado de Felipe III.

Por su parte, las provincias que habían conseguido la independencia empezaban a concebir la idea de nación de la que surgiría la actual Holanda, así que más allá del problema político estaba la cuestión militar, puesto que los rebeldes planeaban una serie de operaciones contra España.

La emergente tropa naval de las siete provincias independientes había puesto sus miras en las Indias, donde los españoles eran más vulnerables. Fue entonces cuando tuvo lugar una de las operaciones bélicas más complejas del siglo XVII.

Los holandeses, con Mauricio de Nassau (hijo de Guillermo de Orange) a la cabeza, decidieron tomar algunas plazas en Brasil (que entonces era español), rompiendo así el monopolio sobre el control de las riquezas procedentes de América.

Mientras tanto y por cuestiones de sucesión, los territorios que habían pertenecido a Isabel Clara Eugenia pasaron a manos de su sobrino Felipe IV, coronado ya como rey de España. Pero las ansias del Conde Duque de Olivares (representante del rey) no se saciarían con tan poco, así que elaboró la siguiente estrategia.

En primer lugar había que tomar una de las ciudades claves en la frontera entre las provincias leales y rebeldes de Flandes. De este modo, cuando el gobierno holandés se viese en situación de peligro, haría regresar a los barcos acantonados en Brasil, recuperando así Bahía.

Evidentemente era una maniobra de distracción, la ciudad a atacar sería determinante para poder abrir una brecha para tomar de nuevo las provincias rebeldes, y la candidata no podía ser otra que Breda.

Esta misión fue encomendada a uno de los mejores militares del momento, Ambrosio de Spínola, descendiente de una familia de magnates genoveses que, ante su fracaso político contra los Doria, decidió probar suerte en las armas ganando no pocas batallas al servicio de la Corona española.

Breda era una ciudad perfectamente organizada. Sus murallas, diseñadas a la italiana, la protegían así como buena parte del perímetro exterior. En su interior se hallaba Justino de Nassau, otro de los dieciséis hijos de la extensa prole de Guillermo de Nassau, príncipe de Orange. De hecho la ciudad era la residencia de la familia, lo que la convertía en una localidad adinerada. Esto motivó a las tropas sitiadoras (que por lo general cobraban con el fruto de los saqueos).

La Rendición de Breda o *Cuadro de las Lanzas*, **Diego de Silva y Velázquez, 1634-35. Museo del Prado, Madrid.**

Spínola era consciente de la imposibilidad técnica de atacar directamente a Breda. La única solución era aislarla y esperar a que se rindiera. Para ello los tercios organizaron toda una red de trincheras alrededor de la ciudad, dejándola incomunicada de sus aliados. El asedio fue duro para ambos. Los tercios se vieron desde agosto de 1624 a junio de 1625 malviviendo entre el lodo de las trincheras, sin paño para confeccionar la ropa, sin apenas comida, mientras que sus misiones se limitaban a cavar y sacar tierra. Participaban de las tareas desde el bisoño más insignificante hasta el propio Spínola que no dudo en coger la pala y dar ejemplo.

Finalmente, interfiriendo en las comunicaciones de los sitiados con el exterior, Spínola ofreció a Justino de Nassau unas condiciones para la rendición que no pudo rechazar. Según estas se respetaría a los hombres a la salida de la ciudad, e incluso se les permitiría llevarse algunas armas a cambio de la rendición.

El 5 de junio de 1625 las tropas de Justino de Nassau marcharon con sus picas decoradas con pendones naranjas (distintivo de los Orange), para encontrarse con el general Spínola y sus maltrechos tercios. En ese momento se produjo la famosa escena que pintó Velázquez en la que ambos líderes descendieron de sus caballos, recibiendo el vencedor las llaves de la ciudad, símbolo de la Rendición de Breda.

Ese mismo año, Fadrique de Toledo reconquistaba Bahía en Brasil, hecho que quedó plasmado en el lienzo de Juan Bautista de Maíno.

En tierras americanas había vuelto la paz, pero en Flandes se abría de nuevo la caja de los truenos. El infierno de una guerra tan estéril como innecesaria hizo que desde entonces se le llamase el «sepulcro de España». Pese a las victorias conseguidas por generales como Alejandro Farnesio o Ambrosio de Spínola, las sucesivas batallas no fueron tan ventajosas y los tercios sufrieron un gran golpe psicológico al comprobar que a ellos también se les podía vencer.

La guerra de Cataluña

El ambicioso plan bélico de Olivares se estaba quedando en simple agua de borrajas. Don Gaspar de Guzmán quería devolver a España los gloriosos años que vivió con Carlos I, pero la situación en Europa era muy diferente a la de antaño.

De hecho, los tercios necesitaban una urgente remodelación al mismo tiempo que las guerras estaban desangrando las arcas españolas. Cuando parecía solventarse el problema con Flandes se inició la Guerra de los Treinta Años, abriendo nuevos conflictos y posicionando a media Europa contra España. Olivares, en lugar de rectificar, tomó por bandera el lema de «*Todos contra nos, nos contra todos*» y lógicamente las derrotas no tardaron en llegar, aunque también es cierto que gracias al Cardenal Infante (el hermano de Felipe IV) se consiguieron destacables victorias como Nordlingen. Pero, fueran vencedores o vencidos el ejército seguía necesitando fondos.

Este problema se había convertido en un gravísimo asunto para España, cuya nefasta administración obligaba exclusivamente al territorio de Castilla a abastecer de hombres al ejército. Lógicamente esto significó un desastre demográfico para los pueblos de la meseta, que acentuado por las epidemias de peste y el éxodo a las grandes ciudades o a América estaba creando un gran problema de despoblación.

Ante este dificultad, Olivares organizó juntas en los diferentes reinos para solicitar más hombres para el ejército, sin embargo estas sustituyeron los hombres por dinero, cosa que el gobierno aceptó. Pero no era el oro lo que podía frenar las incursiones francesas en Cataluña.

La Guerra de los Treinta Años había convertido a Francia en el principal enemigo de España. Mientras en España Felipe IV tenía como valido al Conde Duque de Olivares, Luis XIII de Francia tampoco se quedaba atrás y contaba con el poderoso cardenal Richelieu.

Ante las ambiciones del purpurado francés por trasladar la guerra a España, los tercios tuvieron que acantonarse en la frontera pirenaica de Cataluña. Fue entonces cuando comenzó a crecer un malestar general entre la población civil. Los soldados, que rara vez intervenían en territorio peninsular, se abastecían y vivían como en Europa, a base de saquear cuanto se pusiese a tiro.

Nadie tuvo en cuenta este factor, auspiciado por la pragmática real. Al destinar las tropas a Cataluña y producirse los abusos contra los campesinos, que eran los más débiles, se creó un clima muy tenso que debiera haberse evitado. El hecho de que la mayoría de militares fuera oriundo de Castilla tuvo como consecuencia que la población civil catalana considerara aquello una auténtica invasión. El inevitable enfrentamiento tuvo lugar el 7 de junio de 1640.

Al llegar el verano y como era costumbre, los segadores catalanes acudieron a Barcelona en busca de patrón para la siega. Precisamente en esas fechas se celebraba la procesión del Corpus, en la que se lanzaron soflamas en contra del rey. La fiesta degeneró en violentos altercados en los que murió el virrey como representante del gobierno.

Cuando volvió el sosiego, el nuevo virrey, duque de Cardona, quiso zanjar el problema impartiendo justicia tanto con los responsables del día del Corpus, como con los responsables de los desmanes del ejército. Sin embargo Olivares volvió a cometer su error habitual, intentar solucionar las cosas mediante una dureza excesiva.

Para ello, desplazó la mayoría de los efectivos que estaban en la península a tierras catalanas, iniciando una guerra tan innecesaria como

Soldados de los Tercios de Flandes con algunos pertrechos de su oficio, como fueron las picas, los mosquetes, los cascos metálicos y los tambores que ayudaban a marcar el ritmo de marcha de las tropas y enardecían su ánimo. (Dibujo del autor).

poco práctica. De hecho, además de dejar zonas como las islas Baleares a merced de los piratas berberiscos, lo único que consiguió fue la enemistad de Cataluña, que con Pau Claris a la cabeza se declaró república independiente.

La situación se desbordaba cada vez más, hasta para los mismos sublevados. El alzamiento popular dejo de tener sesgo político, para volverse una revolución social difícil de controlar. La solución más efectiva que contemplaron sus líderes fue anexionarse al reino de Francia.

La ocasión fue aprovechada por el cardenal Richelieu para utilizar Cataluña como puente desde el que atacar al resto de España. Pero aunque hubo victorias franco-catalanas, el ejército de Felipe IV consiguió reconquistar el territorio, poniendo fin a la guerra con el Tratado de los Pirineos de 1659.

Pese a jurar obediencia a las leyes catalanas, el rey sabía que el desastre bélico europeo se había extendido por España, dejando importantes focos de inestabilidad en su reino. Por ejemplo, una de las consecuencias del traslado de las tropas acantonadas en Portugal a Cataluña fue que los lusos se sublevaran y terminasen por conseguir la independencia. Empezaba lo que sería el principio del fin, y la consecuencia más visible fue la constatación general de como el imperio español se desmoronaba por dentro.

Rocroy

El enfrentamiento con Francia sirvió para que el ejército español tratara de abrir nuevos focos en el país vecino, para así conseguir que el enemigo se replegase, dejando libre el territorio de Cataluña y el Franco Condado. El lugar escogido para la maniobra de distracción fue la villa de Rocroy, en el norte francés, donde sería fácil llegar desde los puestos de Flandes.

Los españoles hicieron acto de presencia allí dirigidos por el capitán general de los Tercios de Flandes, Francisco Melo, enfrentándose con las tropas del Conde Enghien, hombre con poca experiencia que parecía no ser un gran adversario. Pero la determinación de este les demostró que tenía sobradas dotes para el mando.

En principio se dudó del éxito del francés. La batalla no parecía serle favorable, pero con un hábil movimiento de la caballería los tercios se vieron divididos y finalmente derrotados.

No fue una batalla determinante desde el punto de vista estratégico, pero si supuso un duro golpe para la imagen de los tercios. No solo eran vencibles, sino que en aquella ocasión se había acabado con ellos. La merecida victoria francesa les otorgaba un éxito en la batalla que, sumado a la derrota de sus enemigos, convertía a sus tropas en los líderes militares del momento.

Capítulo VI

LOS AUSTRIAS

Felipe II, El Prudente

Desde el momento de su nacimiento, la vida de Felipe II estuvo envuelta en un aura de cierto misterio. Fue en Valladolid donde su madre le trajo al mundo el 21 de mayo de 1527. Aunque tan solo oficialmente, porque otra teoría apunta a que podría haber sucedido en el pueblo salmantino de Villoruela, camino de la capital puzelana. Sus padres, Carlos I e Isabel de Portugal, venían de Granada.

Con este advenimiento se sellaba una nueva alianza con la Corona portuguesa, haciendo del recién nacido un claro sucesor al trono luso.

La llegada al mundo del primer hijo de la pareja fue larga y dolorosa ya que el parto se dilató durante dieciséis horas.

Desde su infancia nadie dudó de la importancia capital que tendría aquel niño si llegaba al trono. Incluso en su bautizo hubo algún encontronazo entre diferentes nobles que se posicionaron en bandos opuestos por cuestiones tan sencillas como el nombre que debería tener. Finalmente le llamaron Felipe, el mismo nombre de su abuelo paterno.

Cuando el príncipe contaba con siete años de edad comenzó a recibir sus primeras lecciones del arzobispo de Toledo Juan Martínez Silíceo, que además de aportarle un amplio conocimiento en temas humanistas influyó poderosamente en la formación de su espíritu religioso. Pronto aquella tendencia se vio equilibrada por los conocimientos exigibles a todo buen caballero que le transmitió Juan de Zúñiga, quien fue su maestro en asuntos tan diversos como la caza, la danza o el manejo de las armas.

Zúñiga mantuvo correspondencia frecuente con el emperador, informándole de los progresos del muchacho, que era discreto, solitario y taciturno. A pesar de todo ello y gracias a el, conocemos pequeños detalles íntimos de su adolescencia, donde no faltaron las normales

Oficialmente, fue en esta casa de Valladolid donde Isabel de Portugal dio a luz a Felipe II.

trastadas o escapadas, como aquella ocasión en la que se fue hasta casa de un tal Perote.

Durante el resto de su infancia, el monarca estuvo más próximo a su madre que a Carlos I, ya que este se ausentaba en numerosas ocasiones por sus continuos viajes de estado. Estas ausencias hicieron especialmente dolorosa la muerte de la reina cuando el príncipe tenía doce años.

A partir de entonces Felipe II se encargó de las tareas del gobierno en España durante las ausencias paternas, ayudado eso sí por nobles importantes que marcarían más tarde su reinado, como sucedió en el caso del Duque de Alba.

Para afianzar las relaciones luso-españolas se concertó el enlace del príncipe con María Manuela de Portugal, cuya boda tuvo lugar en Salamanca. Se rumoreaba allí que el príncipe acudía disfrazado para ver de incógnito a su futura esposa.

Pese a ser un muchacho de dieciséis años que estaba más interesado en los libros que en las mujeres, los frutos del matrimonio no se hicieron esperar y dos años después nació el infante don Carlos. El parto ocasionó la muerte de su madre.

Su primera viudedad llegó excesivamente pronto, en un momento en el que personas como su acérrimo enemigo Guillermo de Orange le atribuyeron relacionarse en secreto con Isabel Osorio (un presunto amorío no demostrado, pero si comprensible). Se construyeron leyendas sobre aquel romance en las que se decía que la aventura sentimental inspiró a Tiziano para su cuadro *Venus y Adonis*. Los representados serían en realidad Felipe e Isabel. Finalmente las obligaciones del rey en materia de casamientos anduvieron por derroteros distintos.

En 1554 el objetivo principal de la alianza matrimonial era Inglaterra, ya que el catolicismo había vuelto de la mano de María Tudor. Se consideró que ella era la persona y el momento oportuno para que el entonces Príncipe de Asturias subiera al trono inglés.

Tales propuestas no sorprendieron allí, así que conociendo los intereses de los Austrias, los británicos plantearon numerosas condiciones, con las que Felipe II tuvo que transigir para poder celebrar el deseado enlace. Fue el comienzo de su carrera política internacional.

El Oficio de Rey

Desde su adolescencia, Felipe II desempeñó tareas de gobierno en España como regente, para poco a poco asumir mayores responsabilidades. Así sucedió en 1554 cuando se concertó el matrimonio con María Tudor y hubo de ser nombrado rey de algún territorio.

El emperador Carlos (principal interesado en aquel matrimonio) renunció a favor de su hijo a las Coronas de Nápoles y Sicilia, con lo que Felipe II pudo casarse con la reina de Inglaterra ganando así el título de rey consorte. Asimismo obtuvo poco después de su padre la potestad sobre los territorios de los Países Bajos.

En 1556, Felipe fue finalmente coronado Rey de Castilla y Aragón, heredando así la totalidad del imperio de su padre, que enfermo de gota y afectado por los rigores de la edad, decidió pasar el resto de su vida retirado en el monasterio extremeño de Yuste donde acabó sus días.

La parte alemana del imperio quedó en manos de su tío el infante don Fernando (hermano de Carlos I), que al contrario que Felipe había sido educado en España. En cualquier caso, con veintinueve años Felipe II se convirtió en el hombre más poderoso de su tiempo.

Sin embargo y pese a la buena preparación del joven monarca, la situación no era sencilla. María Tudor murió sin dejar un heredero, terminando así con las esperanzas de anexionar Inglaterra al Imperio. Por su parte Francia, la eterna enemiga, volvió a alzarse en armas, sumándose a la cada vez más seria amenaza del imperio otomano.

Nuevamente viudo, el rey de España derrotó a Francia en la batalla de San Quintín. Tras ello, aprovechó el tratado de paz para exigir como condición el matrimonio con Isabel de Valois, la que sería su tercera y más amada esposa.

Dada la nueva situación, el gobierno de Felipe II tuvo que emprender ciertos cambios. En primer lugar estaban las cuestiones administrativas, como crear una gran red de espionaje dirigida por diplomáticos y embajadores destacados. El gobierno se centralizó en una Corte fija que se estableció en Madrid.

Hasta entonces, la Corte (funcionarios y demás personal de la Corona) era itinerante, y se establecía allí donde estuviese el rey. Naturalmente este sistema daba muchos problemas, puesto que cada

Isabel de Valois.

vez era mayor, y aposentar a tal cantidad ingente de secretarios, escribanos etc., suponía de hecho la remodelación urbanística del lugar al que acudiesen. Eso llevó al rey Prudente a decidir instalar la corte en un lugar fijo y tras descartar varias ciudades eligió Madrid por estar en el centro de España.

El centro peninsular ofrecía suficientes ventajas. Para empezar era una ciudad pequeña, lo que facilitaba la construcción de nuevos edificios sin tener que derribar ninguno. La ciudad no contaba con sede Arzobispal, lo que evitaba competencias políticas. Y para mayor deleite del rey tenía numerosos manantiales donde brotaban excelentes aguas para el consumo, al tiempo que estaba rodeada por las mejores zonas de caza de Castilla.

De todos modos, la ciudad sufrió un cambio tan radical que superó todo pronóstico. Creció tanto que se barajó incluso la posibilidad de cambiar su nombre por otro relacionado con el rey. Pese a todas las ventajas, seguramente no se tuvo en cuenta el problema urbanístico que suponía un crecimiento tan descontrolado (entre 1561 y 1620 Madrid multiplicó sus habitantes por veinticuatro).

Otro detalle fundamental de su reinado fue su obsesión por controlar todos los documentos e informaciones del gobierno. No era capaz de delegar esas tareas a sus propios funcionarios.

Ese carácter tecnócrata favoreció la comprensión mejor de las cuestiones de estado, ofreciéndole una imagen muy exacta de cuanto acontecía en su reino, pero a la vez tenía peligrosas desventajas, puesto que la imposibilidad de leer a tiempo todos los documentos hizo peligrar la resolución de algunas cuestiones urgentes. Una de las pocas figuras en las que depositó cierta confianza posiblemente fue su hermano bastardo, don Juan de Austria.

El llamado familiarmente «Jeromín», hijo ilícito de Carlos I, hizo desde su aparición constantes méritos para agradar a su hermanastro. Su carácter intrépido conjugó a la perfección con la personalidad retraída, y al fin y al cabo prudente de Felipe.

Don Juan de Austria no solo solucionó problemas internos como la guerra de las Alpujarras, sino que se embarcó en empresas como organizar la Batalla de Lepanto, o intervino en el reciente problema de Flandes. En ambos casos obtuvo excelentes resultados.

Pese a su participación, la década de 1560 fue especialmente difícil para Felipe II. El año 1568 fue considerado «*annus horribilis*» por el fallecimiento de la reina y de don Carlos (el heredero), a lo que se añadía la rebelión flamenca con Guillermo de Orange a la cabeza.

Dos años más tarde el rey se unió de nuevo en nupcias con Ana de Austria, con quien se apresuró a tener el sucesor que no había logrado con su anterior esposa. Sin embargo y pese a la tranquilidad en el entorno familiar, la tensión política creció por momentos. La tolerancia con el turco llegó a su fin, y los ataques a los puestos otomanos en el norte de África se cambiaron por un enfrentamiento directo con el ejército del sultán Selim II.

Para ello se aliaron España, Venecia y la Santa Sede, formando lo que se llamó la Liga Santa que terminó victoriosa en los golfos de Corinto y Patras que eran conocidos por los italianos como Lepanto.

La victoria sin embargo no evitó la aparición de nuevos enemigos cuando Inglaterra, con Isabel I al mando, se enfrentó con el rey español. Se añadieron además los problemas relacionados con su secretario díscolo, Antonio Pérez.

Los conflictos terminaron con el fallecimiento de don Juan de Austria en Flandes y el desastre de la Gran Armada a manos de una combinación de ineficiencia y de climatología, como ya sabemos.

Rey de España y Portugal

Todo no fueron desgracias en aquellos años. En 1578 llegó por fin el deseado heredero al que más tarde se le coronó como Felipe III. Además el trono de Portugal había quedado libre y el rey español era un claro aspirante.

Sebastián de Portugal (sobrino por cierto de Felipe II) pecó en exceso de ilusión y su espíritu caballeresco le arrastró a campañas militares tan novelescas como imposibles, que terminaron con su muerte.

Desde su óbito en tierras africanas, la situación política portuguesa se volvió muy inestable, y finalmente cuando Felipe II fue coronado rey del reino luso aconteció un fenómeno curioso, la aparición del «*Sebastianismo*» que vendría a ser, algo así como una especie de mesianismo enfocado a una hipotética resurrección y regreso del rey Sebastián.

Todo sucedió porque al no aparecer el cadáver del rey entre los muertos de la batalla de Alcazarquivir (donde don Sebastián fue derrotado), comenzó a crearse el mito de que el monarca luso no había muerto sino que simplemente se había transformado en un rey durmiente y que vendría a salvar a Portugal cuando el reino lo necesitase. Sorprendentemente y al contrario que sucedió en otros casos típicos como el del rey Arturo, Sebastián de Portugal sí que regresó. O al menos eso pareció suceder en el pueblo vallisoletano de Madrigal de las Altas Torres.

Se presentó allí un pastelero llamado Gabriel de Espinosa, que guardaba un asombroso parecido físico con el difunto rey. El primero en percatarse de tal semejanza fue Fray Miguel de los Santos, un religioso portugués que por motivos políticos se hallaba en España como vicario del convento de Nuestra Señora de Gracia de Madrigal. También en un convento del mismo pueblo se encontraba Doña María Ana de Austria, hija de don Juan de Austria y con la misma vocación monjil que su padre, es decir..., ninguna.

Los caprichos del destino hicieron que los tres personajes se conociesen; y las aspiraciones económicas del primero coincidiesen con los intereses políticos del segundo que a su vez se juntaron con las ansias de la joven por salir de aquel convento.

Felipe II Habsburgo, hijo de Carlos I de España y V de Alemania, llamado el rey Prudente. Uno de los hombres más poderosos de la historia. Estatua situada en los jardines de la Universidad de San Lorenzo de El Escorial.

Toda aquella trama empezó a inquietar a Felipe II, que vio como la credibilidad en que aquel simple cocinero fuera el rey resucitado engatusaba a nobles portugueses poco amigos del ahora monarca hispano-portugués. Por ello mismo, en 1595 Gabriel Espinosa, fuese o no fuese el verdadero rey de Portugal, acabó de patitas en la horca.

Por encima de este y otros «Don Sebastianes» que surgieron luego, Felipe anexionó los territorios lusos a los españoles, dominando así la mayoría de la tierra conocida hasta aquel momento.

Lógicamente la fusión de aquellos reinos no gustó en absoluto ni en Francia ni en Inglaterra, desde donde por todos los medios se intentó deshacer la unión peninsular. Mientras tanto Felipe II fijó sus objetivos en Inglaterra, en la que ahora gobernaba la llamada reina virgen, Isabel I Tudor.

Tras numerosas y diversas intentonas, el rey de España fracasó en su empeño por ganársela. La falta de resultados que se cosecharon con las intrigas que intentaron seducir e incluso secuestrarla llevó al gobierno español al despliegue militar como única alternativa para conseguir Inglaterra.

Como ya sabemos tampoco pudo ser así. El desastre de la Gran Armada puso fin al afán filipino por lograr la Corona inglesa. Felipe II se dio cuenta de que la lucha para proclamarse rey en nuevos territorios sería inútil. Para ello era indispensable asegurarse un heredero con quien afianzar el trono y con sus más de sesenta años..., aquellas pretensiones estaban fuera de lugar.

No por ello cesó su empeño para posicionar debidamente a sus herederos en las Coronas europeas. El mejor ejemplo es el de la infanta Isabel Clara Eugenia que, al ser hija de Isabel de Valois, pretendió alcanzar el trono de Francia. Esta vez sí hubo éxito al casar a su hija con el Archiduque Alberto. Ella aportaba como dote los Países Bajos, terminando de esta forma con el conflicto flamenco.

En los últimos años de su reinado la economía sufrió un varapalo que dejó el reino al borde de la bancarrota, lo cual no quiere decir que el sistema económico español no estuviese saneado, sino que determinados factores alteraron los resultados de la hacienda pública. En 1572, por ejemplo, se informó a Felipe II de los planes de Isabel I para introducir en España monedas falsas, de tal forma que crease una crisis interna que debilitase el crédito y por añadidura la imagen exterior española.

Sin embargo las mayores cuentas que tuvo que rendir Felipe II fueron ante el implacable juicio de la enfermedad asociada a la edad: las fiebres terciarias, la gota y la artrosis terminaron postrándole en sus aposentos del Monasterio de El Escorial. Entre grandes sufrimientos, rodeado de los cuadros de Hieronymus Bosch (El Bosco) que había adquirido y buena parte de su colección de reliquias, acabó muriendo en 1598 a los setenta y un años de edad.

El infante don Carlos

Uno de los ejes fundamentales de la Leyenda Negra fue la vida del primogénito de Felipe II, que estuvo presidida desde su nacimiento por la desgracia. A los cuatro días de nacer moría su madre y la lacra de la consanguineidad de sus antepasados se cebó en su cuerpo. Los rigores de la endogamia afectaron a su cuerpo y a su carácter.

Desde que gobernaba la dinastía de los Trastámara, los hijos habidos entre familiares demasiado cercanos habían tenido problemas genéticos. El ejemplo más evidente fue la propia madre de Carlos I, Juana I «*la Loca*».

Al contrario que sus antepasados renovó el linaje uniéndose con un Austria, Felipe el Hermoso, pero el hijo de ambos volvió a cometer el funesto error de dar primacía a las alianzas familiares antes que a la salud de sus descendientes. De esta manera nació Felipe II, que pese a ser hijo de primos hermanos continuó la tradición familiar casándose con su prima, con la que compartía los cuatro abuelos (Felipe el Hermoso, Juana la Loca, María de Aragón y Manuel el Afortunado —Juana y María eran hermanas—). Ante tal amalgama de parentescos eran de esperar las nefastas consecuencias que sufrió la siguiente generación.

El infante don Carlos, además de contar con todas las posibilidades para un desastre genético, estaba destinado a ser el heredero de la Corona desde su infancia. Felipe II se dio cuenta rápidamente de las pocas aptitudes con las que contaba su hijo para tal empresa. Las descripciones que nos han llegado del Infante ponen de manifiesto su descompensada anatomía, aunque no menos destacable fue su extraño carácter. Este detalle llamó poderosamente la atención de sus coetáneos.

En su prolija correspondencia el rey le explicaba a su padre los problemas del neonato. Al ser huérfano de madre tuvo que ser amamantado por nodrizas que se quejaban de los mordiscos de aquel extraño niño. De hecho se llegó a pensar que era mudo pues no emitió ni una sola sílaba hasta los tres años.

Su estado se agravó además por las múltiples carencias afectivas y desequilibrios mentales que sufrió, ya que la mayor parte de su infancia estuvo en manos de amas y ayos con los que mostró siempre un carácter indómito y soberbio.

Tanto estos comportamientos como su endeble salud fueron evidentes síntomas de un mal que los galenos del momento no supieron diagnosticar. Se habló de fiebre héctica, de exceso de bilis..., pero además de no poder catalogar aquellos males tampoco se consiguió remediarlos. Según los médicos de la corte, la única solución sería llevar al joven a otra ciudad donde un clima más benigno quizás favoreciese su mejoría. Y así fue que, aprovechando que ya había cumplido los diecisiete años, fue enviado a Alcalá de Henares con su tío don Juan de Austria y su primo Alejandro de Farnesio.

Allí se hicieron públicas sus excentricidades. Era normal ver al príncipe acompañado de su inse-

Don Carlos,
el problemático hijo de Felipe II.
Óleo de Sofonisba Anguissola, una de las pocas pintoras del Siglo de Oro.

parable elefante o gastar pesadas bromas como comerse las joyas que le enseñaban los ricos comerciantes, quienes tras la digestión..., recuperaban las maltrechas piezas.

Todas estas correrías acabaron con un lamentable accidente, cuando don Carlos tropezó estrepitosamente en las escaleras de su residencia. Lo aparatoso de la caída hizo que se golpease en la sien, quedando inconsciente y siendo sometido a una intervención quirúrgica de urgencia.

El presunto odio que según la leyenda negra Felipe II profería a su hijo queda desmentido tras este lamentable episodio. El rey mostró una gran ansiedad por que su hijo sanara pronto. Tanto es así que ante lo complicado de la situación recurrió a las tan socorridas reliquias. En este caso se trató del cadáver incorrupto del beato Diego de Alcalá que, según la tradición, al introducirlo en la cama del muchacho, le devolvió la salud. Ante semejante milagro el alcalaíno fue canonizado y su nombre llegó a América cuando se le puso a la ciudad californiana de San Diego.

Don Carlos superó aquel lance, pero sus problemas no disminuyeron. Cada vez se dejaba llevar más por sus continuos ataques y obsesiones. Por ejemplo, se encolerizaba cada vez que veía como su padre le apartaba de las tareas políticas, se cancelaban sus matrimonios o se adjudicaban puestos que él tendría que haber ejercido a nobles o grandes dignatarios.

Uno de estos episodios sucedió cuando no fue elegido para el cargo de gobernador de Flandes, cediendo su puesto al no menos polémico Duque de Alba. Nuevamente estalló la furia del príncipe que llegó amenazar de muerte a su sustituto. Incluso intentó fugarse a Flandes ayudado por Egmont y Horn en busca de su añorado cargo. Pero gracias a don Juan de Austria y algún otro confidente cercano al rey, Felipe II pudo detener los disparatados propósitos de su hijo.

El problema de don Carlos pasaba de ser un asunto familiar a una cuestión de Estado. La debilidad psíquica del príncipe podía ser aprovechada por enemigos del monarca y desembocar en una guerra civil.

La única solución posible era arrestar al príncipe en un lugar en el que poderlo controlar. Don Carlos, más afectado que nunca e incomunicado con el mundo exterior, consideró su reclusión un ultraje personal por parte de su padre, en el que veía cada vez más clara la figura de su peor enemigo, contra el que para más escarnio era imposible luchar.

Por ello, en repetidas ocasiones don Carlos se intentó suicidar, primero con los cubiertos lo cual hizo que se le retirasen, y posteriormente con huelgas de hambre. A partir de entonces comenzó a nacer la leyenda de un padre tiránico frente a un joven, idealista y romántico hijo que acabaría asesinado miserablemente por la Inquisición.

La mitificación fue instantánea, de hecho Guillermo de Orange hizo uso de ella para criticar al rey. Así como otros autores de la talla de Saint-Real, que en 1673 aportó otro tanto a la mitificación de la historia con su *Don Carlos, novela histórica*, en la que se narra la turbulenta relación padre-hijo. Citaremos también *Dom Karlos, Infant von Spanien*, escrita en 1788 por el alemán Schiller, en la que se vuelve a reinterpretar la presunta tragedia que servirá de inspiración años más tarde a François Joseph Méry y a Camille du Locle como autores del libreto de la ópera *Don Carlo*, del inigualable Giuseppe Verdi.

Pero la historia no siempre es tan emocionante como la ópera, y don Carlos murió con veintitrés años en el alcázar de Madrid, sin más lesiones que las suyas propias y sin más tormento que el de sus propios genes (que no es poco).

No está demostrado que su padre le matase pero, ¿quién sabe si le dejó morir como única solución a un problema irresoluble?

Felipe II y los heterodoxos

Por su formación, por su entorno o por su peculiar personalidad, Felipe II fue un monarca atípico. A la vez que concibió complicadas estrategias políticas, se dejó fascinar por el mundo de lo oculto, ofreciendo una imagen férreamente ortodoxa en cuestiones oficiales al mismo tiempo que mantenía un cultivado gusto por lo oculto en su intimidad.

Al ser proclamado rey de España, Felipe II pudo atender a sus intereses intelectuales más heterodoxos. Por ejemplo cuando se unió en matrimonio con María Tudor, sostuvo un estrecho trato con el mago y futuro agente isabelino John Dee. Pero sin duda, su pasión por lo esotérico se plasmó de forma implícita en la construcción de un gran almacén del conocimiento como fue el Monasterio de San Lorenzo de El Escorial.

Este monumental edificio multifuncional surgió no solo como una construcción regia o religiosa, sino que fue más mucho allá. Se buscó para emplazarlo un lugar que fuera tan significativo como emblemático. Así que, tras contemplar varias alternativas, se optó por la falda del monte Abantos, junto un bosque abundante en todo tipo de ventajas como fue el de la Herrería, una zona considerada sagrada desde tiempo inmemorial, como lo demuestran varios lugares en su interior. Por ejemplo la mal llamada *Silla de Felipe II* que, según algunos expertos, pudo haber sido un altar de sacrificios de la tribu celtibérica de los vetones, al igual que el Canto de Castrejón o «del Rey», lugar por el que mostró un gran interés.

La magna obra arquitectónico sagrada de Felipe II, el Monasterio de San Lorenzo el Real de El Escorial, visto desde la perspectiva de la Torre de la Botica, el máximo símbolo de su heterodoxia. En el interior de ella hubo un laboratorio alquímico, que fue orientándose hacia la espagiria y la destilación.

Ni el emplazamiento, ni nada en su construcción es fruto de la improvisación, pues en su afán controlador, el propio Felipe supervisó muy de cerca las obras de un proyecto tan personal como hermético.

A este propósito, no son pocas las teorías que toman al mismísimo Templo del Rey Salomón como modelo directo para su obra, algo que encajaría perfectamente con el empeño real de aparecer como gran protector político del catolicismo. Pocas dudas suscita este paralelismo histórico cuando se observa el cuadro *El rey Salomón recibe a la reina de Saba*, pintado por Lucas de Heere, que se encuentra en la catedral de Saint-Baafs de Gante. El rey sirvió de modelo para representar al rey bíblico, lo que indica que esta percepción fue mucho más real en su época de lo que han admitido algunos historiadores.

Pero por si esto es poco, los patrones arquitectónicos y el concepto del Templo que se tenía en el siglo XVI coinciden plenamente con la distribución final del Monasterio, que realmente respondía mejor a las descripciones que los clásicos hicieron del Segundo Templo de Jerusalén, levantado sobre el de Salomón, que había sido destruido por Nabucodonosor en el año 586 a.C. El primer guiño que se hace al visitante es cuando se llega al Patio de los Reyes donde pueden observarse las estatuas de seis reyes bíblicos relacionados con aquel mítico Templo Sagrado, presididos por quien recibió el mandato de construirlo, David, y el que realizó la idea, Salomón.

Para entender plenamente el verdadero significado del monasterio es aconsejable recurrir a lecturas especializadas como el libro *La Boca del Infierno, claves ocultas de El Escorial*. Pues son tantas las pruebas que aquí apenas cabe una pequeña mención.

Una vez construido, las diferentes estancias de aquel centro de poder se convirtieron en un escaparate que se llenó de personajes fascinantes, desde los artistas del más alto nivel a los científicos más reputados de la época, amén de los intelectuales mejor preparados.

Sin ir más lejos las propias obras habían sido encargadas a insignes arquitectos como Juan Bautista de Toledo y posteriormente a Juan de Herrera. Desde un plano más discreto también intervinieron Fray Antonio de Villacastín o Fray José de Sigüenza, responsable de sugerir la incorporación de determinados símbolos. Pero la heterodoxia estuvo encabezada por el hebraísta y experto en textos bíblicos Benito Arias

Montano, cabecera del sofisticado entramado intelectual que decoró el lugar y ordenador de la impresionante Biblioteca. Un hombre que vivió a caballo entre las sospechas inquisitoriales y el proteccionismo real.

También hubo un gran espacio de ensayo para los científicos de la época, máxime cuando llegó a estar relacionado con el aumento de dolencias que afectaban la salud de rey. Así se creó un laboratorio donde ensayar con procedimientos alquímicos, la Torre de la Botica, aunque este terminó siendo dedicado a experimentar con nuevas alternativas terapéuticas.

Al principio, las investigaciones alquímicas estaban orientadas a conseguir un oro artificial que le era muy necesario a la hacienda pública, pero pronto mostraron su inutilidad en este menester, y fueron destinadas a otros fines que sentaron algunas bases de la farmacopea moderna.

A toda aquella amalgama de cuestiones ocultas, se añadió la avidez supersticiosa del rey por coleccionar las más variopintas reliquias de huesos, prendas y cuerpos incorruptos, llegando a tal cantidad que resultó difícil precisar cuántas llegó a conseguir el rey, aunque se calcula que fuesen unas 7.500.

Tanta era la afición que Felipe II tenía por las reliquias que un personaje clave en su servicio de espionaje Luis Valle de la Cerda, consiguió el pie de San Felipe y lo utilizó para poder regresar a España desde Flandes.

Hablando de El Escorial, es inevitable hablar de los tres ejes fundamentales de la ingeniería y la arquitectura del siglo XVI en España, Juan Bautista de Toledo, Juan de Herrera y Juanelo Turriano. Ambos participaron en otra obra cumbre del reinado de Felipe II, los Jardines de Aranjuez.

Como muestra su distribución y el simbolismo mitológico que fue situándose en este laberíntico vergel, es muy probable que Juan Bautista de Toledo y posteriormente su sucesor intelectual Juan de Herrera tomasen como referencia el libro *Hypnerotomanchia Poliphili* (*El sueño de Polifilo*) escrito por Francesco Colonna en 1499 acerca de la influencia psicológica ejercida por los jardines y la naturaleza.

En esa hipótesis encajaría el papel de Juanelo Turriano como ingeniero hidráulico y diseñador de una pajarera con aves artificiales

Quizá en esta imagen de un rincón de la Biblioteca laurentina, vemos el mejor resumen de los misterios de El Escorial. Allí están juntos Salomón y la reina de Saba (Felipe II se tenía por un segundo «rey sabio»), filósofos clásicos, elementos paganos..., y una curiosa inscripción en hebreo (a pesar de la persecución de la Inquisición de todo cuanto tuviera que ver con lo judío). Todas las demás en este lugar tienen una lectura heterodoxa.

cuyo sonido era creado por el juego del agua o un sistema de pulverización del agua que imitaba la lluvia.

Juan de Herrera se metió en algún lío cuando, a pesar de ser amigo personal del rey, se vio implicado a finales del reinado de Felipe II en el escándalo que tuvo su eje central en uno de los personajes más controvertidos del momento, la vidente Lucrecia de León.

Esta madrileña tuvo desde muy joven sueños proféticos en los que preveía el devenir político del reino. Su fama se extendió entre buena parte de la nobleza madrileña que, conocedora de los pronósticos emitidos por la muchacha, le concedieron el mayor crédito cuando adelantó el fracaso de la Gran Armada.

A partir de aquel entonces se interesaron por ella importantes personajes de la nobleza, principalmente el canónigo de Toledo Alonso de

Mendoza, que estaba muy interesado en las artes adivinatorias y además contaba con un posible acceso a información privilegiada, ya que su hermano Bernardino de Mendoza era embajador-espía de Felipe II tanto en Londres como en París. Así que con estas aficiones era de esperar que tarde o temprano Alonso de Mendoza conociese a otro personaje clave, Miguel de Piedrola.

El «soldado profeta», como era conocido este, dedicó varios años a la vida militar en Italia hasta que cayó prisionero en manos de los turcos. Allí comenzó sus actividades como espía, hasta que finalmente pudo regresar a Madrid donde coincidió en pleno con el revuelo orquestado entorno a Lucrecia, a cuyo séquito se incorporó Piedrola.

Animado por las visiones que había tenido siendo joven en Italia, hizo públicas nuevas profecías que le granjearon gran credibilidad y fama. No supuso esto una competencia a Lucrecia, puesto que afirmó que ya se conocían en sueños, lo que propició gran confianza entre ambos.

Lo realmente peligroso sucedió cuando el vidente reveló un cierto origen regio, alegando ser descendiente de los reyes de Navarra. Desde ese mismo momento, la situación se complicó notablemente. Alonso de Mendoza, junto con otros religiosos como Fray Lucas de Allende y ciertos nobles hostiles a Felipe II organizaron una especie de secta pseudomística llamada *La Congregación para la Nueva Restauración*, fundamentada en los sueños proféticos de Lucrecia. En ellos, en clave apocalíptica, se vaticinaba una guerra contra una fatal alianza de protestantes, ingleses, y turcos en la que, gracias al respaldo de los moriscos, Felipe II resultaría destronado.

De tal catástrofe (prevista para 1588), solo se salvarían aquellos privilegiados que se refugiasen en la enigmática «Cueva de Sopeña», que según las profecías estaría en las proximidades de Toledo, a las orillas del Tajo.

Todo indicaba evidentemente que en realidad era más bien una maniobra política en la que Miguel de Piedrola y Lucrecia de León fueron meros títeres en manos de un movimiento antifilipino.

Mientras tanto, según indican las pesquisas judiciales, en las labores de acondicionamiento de aquel refugio fue cuando intervino un miembro ilustre de la «*Congregación*» que no sería otro que Juan de Herrera, que aportó parte de su patrimonio en el empeño.

La Fuente Grande de Ocaña, una de las obras más enigmáticas del cántabro Juan de Herrera, un arquitecto iniciado, con su laberinto de captación de aguas, y la sospecha de que alguna de las galerías conduce a la Cueva de Sopeña.

Afortunadamente en el año 1588 no se acabó el mundo y Felipe II siguió siendo rey. Lo que si terminó fue el revuelo que fomentaron Mendoza y compañía, acabando la mayoría de ellos en prisión. De todo aquello queda aún sin respuesta una pregunta: ¿Dónde estaría la cueva de Sopeña?

Gracias a la documentación sobre esta organización, se tiene constancia de que el refugio no fue un mito, sino una realidad. De hecho, o Felipe II o Juan de Herrera (no está claro) ordenaron que se cegase su entrada y que se perdiese su memoria. Hay quien piensa que podría haberse habilitado alguna de las minas de espejuelo explotadas por los romanos en la zona del río Tajo. Pero, conociendo la intervención de Herrera en el proyecto, es inevitable volver la vista al toledano pueblo de Ocaña, donde el arquitecto construyó la Fuente Grande.

El agua que llega a la fuente procede de diversas canalizaciones hidráulicas árabes (*qanat*) construidas en galerías subterráneas que hoy día son accesibles solo en parte, ya que el resto fueron tapiadas. Siempre existirá la duda de si alguna desde ellas conduciría a la mítica Cueva de Sopeña.

Felipe III, El Piadoso

¿Sería el suyo un reinado pacifico? Un augurio, Felipe III nació el mismo año en el que el rey Sebastián de Portugal ponía fin a la guerra en el norte de África. Lo negativo, el anticipo del despilfarro que marcaría su reinado, que empezó con los festejos, corridas de toros y fuegos de artificio excesivos de su natalicio.

El que años más tarde sería nombrado Felipe III vino al mundo en el Alcázar madrileño en abril de 1578. Era hijo de Felipe II y su prima segunda y cuarta mujer Ana de Austria. Sus primeros años estuvieron marcados por su salud, que teniendo en cuenta el alto índice de mortandad infantil de la época no hizo sino incrementar el miedo de su padre de dejar sin rey al reino más grande de la época.

Cumplidos ya los siete años, el príncipe comenzó a recibir clases del capellán García de Loaysa Girón, que tenía encomendado «servir de luz en la niñez». Poco después le ayudó en su tarea didáctica Juan de Zúñiga, que ya había sido ayo de Felipe II y que como se decía por entonces trataba de servir de «freno en la mocedad». Zúñiga murió al poco tiempo y fue el mismo rey quien le sustituyó educando a su hijo.

Fue una educación desequilibrada, poco centrada en cuestiones humanistas, y mucho en los temas protocolarios. Esto convirtió al muchacho en un buen cazador y excelente músico (algo cantante y bailón), pero deficitario en sus estudios.

**Felipe III,
óleo de Velázquez, 1634-35.**

En otro orden de cosas, la influencia de su padre sobre su personalidad resultó decisiva y el príncipe creció con excelentes modales y un carácter afable con todos…, pero con los principios de autoridad algo «dormidos».

Cuentan que su voluntad fue tan voluble que cuando le presentaron los retratos de las candidatas (de la casa de Austria) entre las que habría de escoger a su futura mujer, el príncipe descansó la responsabilidad en su padre que, desquiciado por el pasotismo de su hijo, terminó dejando que fuera la suerte quien eligiera. Y la afortunada fue Margarita de Austria, que se casó con el que se convertiría en rey el mismo año de su matrimonio, 1598. Si la elección de la candidata a reina no fue fácil, menos aún lo fue la boda.

Como sucedía con la mayoría de enlaces reales de la época, los intereses eran puramente políticos y más en este caso que el objetivo fue reforzar la alianza entre los Austrias españoles y los germanos.

Por este mismo motivo la boda de Felipe III se celebró al mismo tiempo que se casaba la infanta española Isabel Clara Eugenia con el archiduque Alberto de Austria. Tan poco importaban los motivos personales o sentimentales que la boda se hizo por poderes en el Vaticano, donde ni siquiera las dos familias estaban representadas por los novios. Felipe III fue sustituido por el duque de Sessa y Margarita de Austria, por su hermano el archiduque Alberto, quien finalmente le dijo «si quiero» al Duque de Sessa.

En aquel año el rey Felipe II moría con la preocupación que arrastró hasta su lecho de muerte. En sus últimos momentos confesó que temía que «gobernasen» a su hijo, advirtiendo sobre el papel decisivo que iban tomando algunos nobles en las tareas del gobierno.

Siendo mozo Felipe III, Loaysa, su maestro, advirtió al rey que su hijo era poco amigo del reinar. Al contrario era demasiado aficionado no solo a la caza, sino a actividades tan variopintas como el patinaje sobre hielo que practicaba en la Casa de Campo.

Durante su reinado se tomaron decisiones inteligentes, como fue la de poner fin a todos los conflictos bélicos que habían quedado abiertos en los últimos años de Felipe II.

Por ejemplo, el tenso ambiente con Inglaterra finalizó en el año 1604, cuando el correo mayor del reino Juan de Tassis y Acuña resolvió con la astucia lo que no se había solventado con las armas. Para ello, antes de reunirse con los principales diplomáticos ingleses, Tassis estableció contacto con la condesa de Suffolk, quien le informó minuciosamente sobre como estaba la situación. Así el correo real procuró previamente agasajar a los representantes ingleses con suculentos sobornos y regalos que facilitaron de buen grado el acuerdo anglo-español.

El fin de las guerras favoreció el ahorro en el reino, pero la falta de un gobierno sólido permitió que aquella bonanza económica degenerase en un estrambótico amor al lujo que terminaría por provocar un enorme desequilibrio financiero.

El duque de Lerma

Semejante derroche estaba directamente relacionado con la ambición desmedida de ciertos personajes de la nobleza, que encontraron su lugar en los huecos que quedaban libres por la desapetencia del rey, convirtiéndose en las figuras capitales del gobierno.

Estos validos, que era como se les llamaba, personificaban lo que hoy llamaríamos un «manager» real (esto significa su traducción literal al inglés), lo que ejemplifica claramente la función que cumplieron esos nobles, entre los que destacó el duque de Lerma.

Su nombre era Francisco Sandoval y Rojas, y venía de una de las familias más influyentes de España, los Borja (Borgia en Italia). De hecho era nieto de Francisco de Borja quien, como ya sabemos, sería canonizado en el año 1671.

Cuando murió su padre, la herencia familiar consistía en deudas más que en riquezas, y la necesidad le obligó a agudizar el ingenio dentro de la jerarquía aristocrática para poder mantener su posición. Consiguió ganar puestos acercándose a los herederos de Felipe II, primero como gentilhombre del príncipe Carlos, y al morir este del futuro rey Felipe III.

Este último cargo le supuso alcanzar un estatus fundamental en la estrategia política de la época, la amistad del rey, lo que le permitió la cercanía que le llevó a ocupar el puesto más importante de la corte.

El Duque de Lerma, de Pedro Pablo Rubens, 1603. Museo del Prado.

Advertido por otros nobles, Felipe II se fijó en la poderosa influencia que Francisco Sandoval ejercía sobre su hijo, por lo que le apartó del príncipe nombrándole virrey de Valencia. Inició así una fulgurante carrera, certificada por una cada vez más creciente colección de títulos que le llevarían a lo más alto cuando el joven Felipe III fue nombrado rey.

Desde aquel momento el Duque de Lerma hizo y deshizo cuanto quiso en el reino, pues la abulia de Felipe III como gobernante permitió a su valido intervenir en las decisiones más importantes. Así, su menguada hacienda fue acrecentándose por momentos gracias a operaciones como las especulaciones urbanísticas que llevó a cabo convenciendo al rey de que trasladara la corte a Valladolid.

Desde tiempos de Felipe II, Madrid no solo era la Capital de España, sino la residencia de muchos nobles, funcionarios, artesanos y cortesanos en general. Consciente de ello, Lerma compró grandes extensiones de terrenos en la ciudad del Pisuerga para poco después trasladar allí la Corte. Con esta maniobra, no solo consiguió revalorizar sus recién adquiridas tierras, sino que además disponía de infinidad de compradores que tuvieron obligatoriamente que trasladar su lugar de residencia.

Una vez conseguido su propósito, organizó fiestas sonadas en su finca de la Ventosilla e incluso recondujo a su famosa «huerta» un sistema hidráulico que pertenecía a todos los vallisoletanos.

Pero no acabaron aquí las maniobra del valido. Cinco años más tarde decidió volver a llevarse la Corte a Madrid, con la preceptiva inversión urbanística previa, algo que le reportó de nuevo pingües beneficios.

Por otra parte, los títulos nobiliarios y su compraventa le aportaron numerosas prebendas, colocando a sus familiares y amigos en grandes puestos del estado. Comenzaría así en España el esplendor de una práctica corrupta ya vieja en otros lugares como en Roma: el «sobrinísimo».

Con la fortuna amasada, Francisco Sandoval invirtió cuanto quiso en labrarse una imagen de hombre todopoderoso construida a base de mecenazgos que no hacían sino confirmar su hegemónico poder. Patrocinó a arquitectos como Francisco de Mora, su sobrino Juan Gómez de Mora, o incluso a pintores como Rubens por quien se hizo retratar.

El culmen del poder alcanzado por el Duque de Lerma se ejemplificó en su secretario, don Rodrigo Calderón, un personaje de extracción bastante humilde que terminó consiguiendo grandes riquezas, además del correspondiente título nobiliario de rigor. Fue muy famoso en Madrid cuando se convirtió en la principal víctima del mayor complot político que tuvo el breve reinado de Felipe III.

La conjura de Venecia

Paralelamente a la situación de la península ibérica, en Italia se vivía otra no menos compleja. Allí, los territorios bajo la Corona española ocupaban buena parte del sur, incluida Sicilia, y pese a que ya en tiempos de Felipe II se había firmado la paz con Francia, Italia (sobre todo en el norte) seguía siendo el campo de batalla entre ambas potencias.

Las divisiones territoriales de la zona se habían constituido a partir de ciudades-estado encabezadas por Milán, Génova o Venecia, así que el control de las mismas suponía dominar más casillas en el complicado ajedrez en el que se había convertido la «bota».

El comercio, las comunicaciones o la situación geopolítica eran suficientes como para enzarzarse en guerras diplomáticas que, aunque no fuesen conflictos cruentos, se desarrollaban con la misma intensidad.

España controlaba Nápoles y si conseguía Venecia, se haría con el dominio absoluto del Adriático, facilitando así sus comunicaciones con Austria, (su aliado natural contra Francia). Sin embargo, atacar Venecia no era tarea fácil.

Lógicamente se haría desde Nápoles, a donde llegó procedente de Sicilia Pedro Téllez de Girón, duque de Osuna. El prócer tenía a sus espaldas una larga trayectoria militar y ostentaba el cargo de Virrey de la isla. Buen conocedor de cómo funcionaba el gobierno, Lerma envió a su secretario, que a la sazón era Francisco Gómez de Quevedo y Santibáñez Villegas, a Madrid. El escritor (una de las cumbres de las letras españolas del Siglo de Oro y de todos los tiempos) tenía la misión de indagar la forma de conseguir el nombramiento de Virrey de Nápoles para el duque de Osuna. Para conseguirlo llevaba un suculento «donativo».

Una vez obtenido el nombramiento, Quevedo regresó a seguir espiando en Roma, anteriormente lo hizo en Niza y Génova).

Entonces comenzó la conjura. La Serenísima República de Venecia, que contaba con un gobierno independiente dirigido por el gran Dux, por entonces padecía una racha de inestabilidad. Tan solo en el año 1618 ocuparon el puesto Giovanni Bembo, Nicolò Dona, y Antonio Priuli sucesivamente. Obviamente aquella situación fue aprovechada por los servicios de espionaje enemigos.

A este respecto hay que aclarar que si ya de por sí los secretos de estado se mueven siempre en un terreno resbaladizo para la investigación, las operaciones de espionaje realizadas hace varios siglos se explican solo con meras elucubraciones. De hecho la mayoría de la información de aquel caso se deduce de los testimonios y pruebas aportados en sucesivos juicios, en los que ambas potencias solo estaban interesadas por descubrir «su» verdad.

Por un lado Osuna y los suyos tendrían que provocar una serie de altercados con unos soldados hugonotes franceses, desviando la atención de las fuerzas armadas. El golpe final consistía en volar el barco en el que se encontraban el gran Dux y su gobierno mientras celebraba las tradicionales bodas con el mar. Las revueltas posteriores posiblemente facilitarían conseguir dos objetivos fundamentales, eliminar el gobierno veneciano y ofrecer un chivo expiatorio.

Sin embargo aquella intriga nunca llegó a consumarse. El complot fue descubierto e inmediatamente se culpó a los españoles. Hubo protestas tumultuosas contra el embajador español en Venecia, marqués de Bedmar y otra serie de personas que quizás estuvieron relacionados con la trama. Uno de ellos fue el propio Quevedo que, gracias a su cojera y a su facilidad para los idiomas, pudo escapar de la enfurecida población veneciana disfrazándose de mendigo.

De la corrupción a las conjuras

La ambición desmedida de Lerma le granjeó numerosos enemigos o simples competidores que ante su afortunada carrera política intentaron medrar mediante las mismas prácticas.

La economía no estaba en un buen momento por diferentes razones. En primer lugar la nueva moneda, el vellón, tenía varias desventajas como la facilidad con la que se la falsificaba. Los abusos llevaron a una nueva quiebra bancaria. Otra de las razones, en este caso directamente relacionada con el valido de Felipe III, fue la expulsión de los moriscos. La ley promulgada estaba dirigida a conseguir capital inmediato y lograr la expropiación de grandes terrenos en la zona levantina. A pesar de que se lograron ganancias inmediatas, después hubo que enfrentarse a desventajas aún mayores, como la pérdida de mano de obra, la despoblación y el quebranto de la industria agrícola del levante y sur de España.

Lerma, un pintoresco pueblo burgalés, feudo de don Francisco Sandoval y Rojas, nieto de San Francisco de Borja.

El favoritismo de Francisco Sandoval benefició a unos, pero perjudicó a otros y no tardaron en aparecer adversarios del valido. El principal fue un joven aristócrata que ocupaba precisamente el puesto que había ejercido el duque de Lerma en su juventud, gentilhombre del príncipe.

Este adversario no fue otro que don Gaspar de Guzmán y Pimentel, más conocido como el Conde Duque de Olivares. Como hombre inteligente que era, sabía que ser el líder de un movimiento visible sería condenarse a sí mismo, por lo que urdió un complejo plan para derrocar a Lerma y todo su equipo.

En primer lugar enemistó al valido con su hijo, el duque de Uceda, que ansioso por sustituir a su padre se levantó contra él. Una vez caído este, Olivares le retiró su apoyo y le dejó solo con el consiguiente estrépito político. Como colofón, forzó el nombramiento de un gobierno títere encabezado por su tío Baltasar de Zúñiga en el que pesaban dos factores. De un lado el pasotismo de Felipe III y del otro la actitud favorable a los intereses del futuro valido de su hijo Felipe IV, a cuyo servicio llevaba muchos años.

De esta forma se fueron desplomando el duque de Lerma y todos los suyos con él. Así que, conocedor del futuro tan poco halagüeño que le esperaba, consiguió ser nombrado cardenal gracias a su relación dinástica con los Borgia. Y el nuevo cargo le libró de la pena de muerte. Este nombramiento, al igual que todo su gobierno, fue ácidamente criticado por el polémico conde de Villamediana, quien le dedicó la famosa coplilla de:

«*El mayor ladrón de España*
para no morir ahorcado
se vistió de colorado».

Aun así acabó maniatado políticamente en sus propiedades burgalesas, o sea en Lerma.

Un destierro similar fue la condena que se impuso al padre Aliaga, confesor del rey, hombre de gran influencia política, que terminó desterrado en Huete (Cuenca), acusado de frecuentar a dos de las prostitutas más famosas de Madrid. Incluso el duque de Uceda acabó sus días en las cárceles de Alcalá de Henares, pero sin duda quien lo pagó más caro fue Rodrigo Calderón.

Su cargo de secretario y mano derecha de Lerma le canjeó el sobrenombre popular del «Valido del valido», que al igual que el resto de integrantes de la facción se había enriquecido enormemente, (tenía una gran colección de cuadros, joyas e incluso una lujosa mesa que había pertenecido a Felipe II). Y como imagen visible de aquel gobierno pagó las culpas como chivo expiatorio.

Se le acusó de brujería y de una serie de delitos que carecían de ningún sentido, además de achacársele la muerte de Francisco Xuara con un pretexto ridículo. Dicen que durante el juicio se preguntó a Rodrigo Calderón si sabía dónde estaba el desaparecido Xuara. Ante aquella pregunta Calderón respondió altaneramente diciendo que le buscasen en el infierno y..., dicho y hecho.

Don Rodrigo Calderón.

Se encargó una investigación en el Infierno, que era como se llamaba a un callejón de acceso a la Plaza Mayor de Madrid, y allí, por capricho del destino y bajo varios metros cúbicos de basuras, encontraron el cadáver de Francisco Xuara.

También se le acusó de compartir amante con Lerma, de robar joyas de la corona para María Quintana (una amante suya) e incluso de haber asesinado a la reina gracias a una ponzoña que le habría dado el Doctor Mercado.

Pese a que las acusaciones seguramente fueron falsas, no sería de extrañar que los crímenes y delitos si fuesen ciertos. Lo único que queda claro es que Rodrigo Calderón cargó con las culpas que le llevaron a la ejecución pública en la Plaza Mayor de Madrid, donde tuvo tal entereza que pasó a la historia con el madrileño refrán de «...*tener más orgullo que don Rodrigo en la Horca*».

Pero debemos explicar que don Rodrigo no murió ahorcado, sino degollado, y es que los meritos de su gallardía vienen de su exigencia de ser ejecutado así, como le correspondía por ser noble.

El proceso de Calderón tuvo una gran repercusión política. Su detención y encarcelamiento reconfortaba aquellos que estaban en contra del anterior gobierno, pero la lamentable imagen que mostraba don Rodrigo desde su salida de prisión (donde pasó varios años) propició la indulgencia popular entre los asistentes. Sin embargo el nuevo gobierno, a cuya cabeza ya estaba públicamente el Conde Duque, ejerció su poder condenando irremediablemente a Rodrigo Calderón a la muerte como ejemplo.

Los años finales de Felipe III

Fue el reinado más corto de los Austrias si descartamos a Felipe el Hermoso, que reinó solo un verano. Felipe III ha pasado a la historia sin demasiada pena o gloria. Se suele achacar a su reinado el haber estado presidido por una monotonía en la que no hubo sucesos relevantes que aumentasen la gloria del reino, como guerras, conquistas, etc. Sin embargo el tiempo ha demostrado que precisamente el hecho de no embarcarse en más refriegas militares trajo más ventajas que si se hubiesen ganado mil batallas. El periodo fue conocido como la *Pax Hispanica*, y coincidió con el máximo apogeo de las letras. Se publicaron *El Ingenioso Hidalgo don Quijote de la Mancha*, de un tal Miguel de Cervantes; El *Guzmán de Alfarache*, de Mateo Alemán; *La dama boba*, de Lope de Vega, e infinidad de títulos que dieron lugar a lo que se ha llamado el Siglo de Oro de las letras.

Pero si tuvo algo en contra Felipe III fue que le tocó batallar contra la enfermedad que sitiaba cada vez más su mermada salud. Se emplearon todos los medios posibles para aliviarle, y ante la desesperación de la inutilidad, como siempre se recurrió a las reliquias.

En su caso se echó mano del cadáver incorrupto de un santo popular de Madrid, San Isidro Labrador, que consiguió un cierto éxito cuando el rey experimentó una leve mejoría al introducir su cadáver incorrupto en su dormitorio. Pero luego recayó, y ni con esas se recuperó al monarca.

Es más, como metáfora del futuro que esperaba a España, uno de los causantes de la muerte del rey fue el protocolo. La erisipela, que agravó su enfermedad, fue causada por la ausencia del duque de Uceda, que quedó encargado de retirar el brasero de las proximidades del rey. La tarea correspondía exclusivamente a aquel noble, así que ningún otro se atrevió a retirar aquella fuente de calor tóxico.

Quedó así el rey imposibilitado para intervenir en su destino, en una situación tan patética como perjudicial, soportando los rigores de una norma que no tenía sentido. Murió en el Alcázar de Madrid en el año 1621.

El Palacio Real de Madrid, que sustituyó al antiguo Alcázar de los Austrias en 1738, cuando se encargó su construcción a Filipo Juvara. Fue terminado por Francesco Sabatini, quien dio nombre a sus jardines.

Felipe IV, El rey planeta

De la numerosa descendencia que tuvo Felipe III, Felipe IV fue su primer hijo varón, y por lo tanto el sucesor al trono. Nació en 1605 en Valladolid y su infancia estuvo determinada por la etiqueta y las normas palatinas, que eran la única responsabilidad que tuvo la familia real ante la privanza del duque de Lerma.

La niñez del futuro Felipe IV quedó marcada por la pérdida temprana de su madre, la reina Margarita de Austria, y sobre todo por el prematuro matrimonio que contrajo el joven príncipe (que apenas contaba con diez años) con su futura esposa Isabel de Borbón (que tenía doce).

Obviamente, en el enlace primaron cuestiones dinásticas que en este caso parecieron coincidir con los gustos del niño. En efecto, desde que vio a su jovencísima prometida quedó prendado de ella y fue enamorándose hasta que en 1620 los dos adolescentes pudieron consumar su matrimonio. Tan determinante fue este enlace que precisamente en él hizo acto de presencia un personaje clave del reinado de Felipe IV, el citado don Gaspar de Guzmán y Pimentel, Conde Duque de Olivares.

Gaspar era hijo del conde de Olivares, un alto dignatario de Felipe II en Roma, cuyos servicios estaban íntimamente relacionados con cuestiones de estado y el servicio de espionaje. Sin embargo su hijo no estaba destinado a ser el heredero, por ello recibió una refinada educación religiosa que finalmente no necesitó, ya que sus hermanos mayores fueron muriendo hasta que quedó como único descendiente.

A partir de aquel momento, movido por una ambición desmedida, consiguió escalar puestos hasta lograr ser nombrado gentilhombre del príncipe.

El olfato de Olivares se fue agudizando con el trato diario y continuo con el príncipe. Así aprendió cual era la principal clave que le permitiría manipular al heredero (y a cualquier muchacho de su edad), la «afición» a las mujeres.

Rodeado por normas protocolarias y por la piadosísima religiosidad de sus padres, Felipe IV vivió su pubertad enclaustrado en el Alcázar hasta la llegada del valido. Este, que ya no era ningún niño, supo despertar los instintos del joven príncipe convirtiéndose en su verdadero alter ego en las juergas cortesanas.

Olivares, del que algunos historiadores piensan tuvo una modélica y casta juventud, disfrutó también de los devaneos reales. De ellos nació Julianillo Valcárcel, su hijo ilegítimo. Con estos antecedentes podemos presumir que Felipe IV consumó el matrimonio con unos conocimientos previos muy oportunos para la noche de bodas.

Así lo relata el padre Flórez, cuando con cierta ingenuidad comenta que a la llegada del príncipe a la alcoba de su mujer se echaban siempre las cortinas pues «debían de tener cosas muy íntimas y secretas de las que hablar».

Fue en el mismo año del enlace, cuando los días del achacoso Felipe III llegaron a su fin, dejando todo en manos de su hijo. También fue entonces cuando, según dicen las leyendas, al expirar el rey Olivares predijo su futuro con su famosa frase de «*Todo es mío*».

Las correrías del rey Galante

Cuando Felipe IV fue coronado rey, no rechazó los privilegios que ya tenía como príncipe, por ello sus habituales correrías se simultanearon con las obligaciones de casado. Todo con tal precisión que su primer hijo varón nació casi a la vez que un bastardo, luego conocido como don Juan José de Austria.

En realidad este no fue el primero, porque la larga lista de hijos extramatrimoniales del rey se inauguró en 1626 con Francisco Fernando, cuya madre fue la hija del barón de Chirel. Pero Juan José fue el que levantó más polvareda, entre otras cosas por la condición social de su madre. Así fue, nació en 1629 de María Inés Calderón, una famosa actriz de teatro conocida como «La Calderona» cuya enorme popularidad hizo que el alumbramiento del muchacho tuviera múltiples versiones, a cual más confusa.

Como anteriormente la Calderona había sido amante del duque de Medina de las Torres, se atribuyó a este la paternidad del niño. Se dijo también que en realidad, y por la coincidencia de fechas, don Juan José de Austria era hijo en realidad de la reina y el príncipe Baltasar

Carlos de la Calderona. Se comentaba que al poco de nacer ambos fueron intercambiados porque el hijo ilegitimo era más sano que el oficial.

Sea como fuere, en 1642 el niño dejó de llamarse Juan de la Tierra, como fue bautizado para ser reconocido por el rey, iniciando así una vida pública llena de azarosas peripecias.

Salvo Fray Alonso Enríquez de Guzmán, que era hijo de la Marquesa de Quintana y el ya mencionado Francisco Fernando, el resto de madres fueron de extracción humilde, como Tomasa Alana (dama de la reina). En general se actuaba con estos hijos bastardos como con don Juan José de Austria, retirando la custodia a la madre y mandándolos a educarse con familias aristocráticas hasta que se les destinaba a puestos religiosos, como predicadores u obispos, o también en cargos notables del ejército. Las madres eran retiradas de la escena pública. Contaban los mentideros que el rey tenía por costumbre dar a sus amantes una plaza en determinados conventos (como sucedió con la Calderona que pasó de estrella del teatro a abadesa de uno de Guadalajara). Se decía incluso que en cierta ocasión, cuando el rey galanteaba con una joven, esta le re-

Estatua ecuestre de Felipe IV, diseñada por Velázquez, ahuecando los cuartos traseros del caballo.

chazó alegando que ella carecía de la suficiente vocación religiosa como para ser su amante...

En total los hijos bastardos atribuidos a Felipe IV oscilan desde ocho (como opinan los historiadores más reservados) a treinta y dos, entre hijos e hijas.

Pero no solo hubo mujeres en las distracciones del rey, también le gustaba el teatro (que alcanzó en aquel tiempo un verdadero esplendor con Lope de Vega y Calderón de la Barca), la caza y la equitación. O sea, nada diferente de los otros Austrias, así que añadamos los toros, los bufones y espectáculos como las naumaquias (simulacros de batallas navales) en el recién inaugurado Retiro de Madrid.

También entre las costumbres de Felipe IV tuvo fama su patrocinio del arte, no obstante la documentación sobre el sueldo de Velázquez como pintor ha demostrado que no le pagaban demasiado. Si que tuvo cierto status en la corte gracias a otras tareas que desempeñó paralelamente como ujier o aposentador, más que por su pericia artística.

Aunque si es cierto que Felipe IV reunió una gran pinacoteca, además de una importante colección de esculturas y obras de arte. Fue en su reinado cuando más brilló el Siglo de Oro, sobre todo en las letras y las artes.

El Gobierno de Olivares

Olivares influyó poderosamente durante los primeros años del reinado de Felipe IV. El valido había descubierto que proporcionar caprichos al rey no solo significaba el favor del monarca, sino que además le permitía administrar todo el poder del que disponía su señor.

De esta forma las diversiones se prolongaban, y el intento inicial de erradicar la suntuosidad y el lujo heredado de la corte de Felipe III no hicieron sino camuflarse bajo unas burdas apariencias que dejaban entrever el mismo despilfarro.

La cantidad ingente de fiestas y celebraciones obligó a hacer desaparecer algunas festividades en ciudades como Madrid por orden del Vaticano. Los refranes y hablillas también criticaban aquel derroche que no hacía sino exprimir al pueblo aún más.

«En que regocijos y fuegos
se abrase todo Madrid
con el afecto encendido
de su príncipe feliz,
si yo no tengo gusto
¿qué se me da a mí?
Pero que a costa del pobre
quiera la villa lucir
y de trabajos ajenos
haga fiestas para sí
de esto sí que se me da a mí».

El *Conde Duque de Olivares*, Velázquez, 1638. Hermitage.

Precisamente con fiestas se celebró la llegada en 1623 del príncipe Carlos de Inglaterra. Por entonces aquel era un jovenzuelo enamoradizo que viajó a España acompañado de su favorito el duque de Buckingham para casarse con la infanta María (hermana del rey).

El viaje del príncipe inglés fue de lo más pintoresco, pues llegó a España disfrazado para pasar de incógnito, buscando mayor romanticismo y aventura. Con ello pretendía ganarse el favor de la infanta y pudo incluso que así fuese, pero desafortunadamente para ella, su opinión importaba poco, porque la decisión se había convertido en una cuestión de estado. Los diplomáticos españoles encabezados por Olivares pretendían que el futuro Carlos I se convirtiese al catolicismo, algo que dificultaba además las relaciones con el altanero Buckingham. Al final, entre unos y otros..., la situación se quedó como estaba y Carlos Estuardo se tuvo que volver por donde había venido. Así consiguió de nuevo España enemistarse con Inglaterra.

Esta es una muestra de que la política exterior de Olivares no empleó excesivo tacto con el resto de potencias Europeas. El Conde Duque, que anhelaba que aquel reinado fuera como el de Carlos I o Felipe II, comenzó a reavivar antiguas guerras, olvidando cuan caras habían salido esas campañas a los anteriores monarcas. De hecho, el infierno de Flandes volvió a resurgir convirtiéndose para España en una especie de Vietnam. Se hizo famosa entre los Tercios la coplilla que decía: *«España mi natura, Italia mi fortuna, y Flandes mi sepul-*

tura». Las pocas batallas que se ganaron fueron publicitadas e inmortalizadas con pinturas de Maíno, Zurbarán o Velázquez, que pintó la famosa *Rendición de Breda*.

Durante sus más de veinte años de mandato, el valido se convirtió en un rey sin corona, y del mismo modo que tomó decisiones políticas desacertadas tuvo iniciativas loables, como intentar eliminar uno de los mayores problemas de la España del siglo XVII, el *Bien de Manos Muertas* (que prohibía a los nobles desempeñar cualquier tarea que supusiese un mínimo esfuerzo). Propuso además una reforma tributaria que repartiese entre todos los españoles la carga impositiva del reino, equilibrando de esta forma la injusticia que arrastraba Castilla desde mucho tiempo atrás, aunque es cierto que los impuestos estaban destinados primordialmente a la guerra.

Como era de esperar, sus decisiones no fueron admitidas por todos y provocaron guerras como la de Cataluña, que no hizo sino aumentar los frentes que ya estaban abiertos.

Al margen de su tarea política, la excesiva influencia de Olivares le hizo perder popularidad entre los súbditos e incluso entre la familia real, que veía con desagrado como el valido aislaba al rey de estos a quienes consideraba competidores potenciales en la manipulación.

Fue precisamente entre los familiares del rey donde surgió un movimiento en contra de Olivares que terminó con su derrocamiento. Hay quien opina que las principales instigadoras de aquella facción política fueron las mujeres de la corte (La reina Isabel, la infanta María, etc.). Lo cierto es que razones no les faltaban, porque fue con él con quien se sintieron más como moneda de cambio. Por ejemplo, tras truncar el matrimonio entre la hermana del rey y el príncipe Carlos de Inglaterra (por motivos más personales que políticos), tuvo la arrogancia de callar tajantemente la opinión de la reina en cuestiones de estado diciéndole que sus obligaciones se limitaban a engendrar hijos para la Corona.

Finalmente, Felipe IV fue consciente del auténtico papel de Olivares en el gobierno, y en 1643 determinó cesarle en su cargo y desterrarlo al madrileño pueblo de Loeches. Pero entre el pueblo había calado tan hondo la influencia del Conde Duque sobre el monarca que exigieron un destierro más lejano. Así que le mandó a Toro (Za-

Carlos I de Inglaterra, en un retrato triple pintado por Anthony Van Dyck en 1635. Un rey con varias personalidades que quizá justifiquen tan singular cuadro.

mora). Loeches estaba demasiado cerca y el Conde Duque podría mantener parte de su influencia.

El descrédito de Olivares fue deteriorando su propia figura cuando se le acusó no solo de manipular al rey, sino además de cosas tan peregrinas como que guardaba un duende en un bastón o ser el responsable de varias muertes en la corte. Se citaba la del Infante don Carlos, la de su propio tío Baltasar de Zúñiga, la del Conde de Villamediana..., y otras de menor relevancia que, aunque no probadas, si fueron sospechosas, ya que ni entonces ni ahora es normal que se muera por «disgustos» o «pena» repentinamente.

De esta forma, marginado y obligado a tener solo caprichos como los caballos (a los que por cierto nombró con títulos de algunos nobles de la corte), acabó envejeciendo prematuramente afectado de enfermedades como la gota, angustiado por terminar sus días sin descendencia y sufriendo problemas psicológicos que le hicieron perder el juicio poco antes de su muerte.

El problema sucesorio

Paradojas de la vida, Felipe IV no tuvo problemas a la hora de traer niños al mundo, sin embargo la mayoría se malograron. La alta mortandad infantil, el batiburrillo genético y la inmadurez de las reinas (que parían siendo todavía adolescentes), hizo que pese a sus doce hijos legítimos, pocos llegasen a adultos. Los que lograron superar la infancia fueron niñas, con lo que el problema sucesorio continuó ya que las mujeres no podían reinar y de hacerlo cambiaría la dinastía.

Muy al contrario sucedió con los bastardos, que crecían con una salud envidiable, y a pesar de que alguno de ellos mostró aptitudes para el gobierno, las normas estaban para cumplirlas..., y fue imposible nombrar a ningún bastardo sucesor a la Corona.

Quien no vio tan disparatada la idea fue precisamente un bastardo, don Juan José de Austria, que tras ser reconocido por el rey comenzó a ambicionar puestos en la corte. Tuvo un rápido y vertiginoso ascenso, y aunque le fue prohibida la entrada en Madrid, supo ganarse el afecto popular gracias a la victoria que consiguió al sofocar una insurrección en Nápoles. De hecho, su regreso triunfal de Italia hizo recordar a algunos la figura de otro bastardo anterior, don Juan de Austria.

Lamentablemente, el hijo de la Calderona fue derrotado en campañas militares posteriores y su fama se fue disipando. Además se enemistó con las dos primeras esposas de Felipe IV y finalmente con su propio padre, cuando ante la falta de un heredero varón, le propuso casarse con su hermanastra la Infanta Margarita, cosa que el rey consideró una gravísima ofensa.

Todo se agravó además con las precipitadas muertes de Baltasar Carlos y Felipe el Próspero. Cada embarazo de la reina estaba presidido por una constante tensión. Se hacían predicciones, augurios y profecías que en el caso de acertar fallaban posteriormente al morir el pobre bebé al poco de nacer.

Al final y casi como un castigo divino, el único heredero varón fue Carlos, que pasaría a la historia como Carlos II el Hechizado, aunque el único hechizo que sufrió aquel pobre hombre fue a causa de la pócima endogámica en la que se habían convertido sus genes. Era tataranieto de primos, biznieto de primos, nieto de primos, e hijo de tío y sobrina. Nació lleno de taras y tremendos problemas de salud.

Cuentan las leyendas que durante una procesión un labrador pudo zafarse de la guardia real, llegó frente a Felipe IV y dijo:

«*Al rey todos le engañan, señor. Señor, esta monarquía se va acabando y quien no lo remedie arderá en los infiernos*».

El rey y el resto de cortesanos dijeron que aquel hombre era un pobre loco, ante lo que nuevamente protestó el labrador:

«*Los locos son los que no me creen, prendedme y matadme si queréis, que yo he de deciros la verdad*».

Conversaciones sobre lo humano y lo divino

Con la caída de Olivares, el rey quedaba desvalido (y nunca mejor dicho) ante su falta de costumbre en las tareas de gobierno, tanto es así que el derrocamiento del Conde Duque no supuso el fin de los validos, sino que simplemente se cambió de privado. El cargo lo heredó Luis Méndez de Haro (que de hecho era sobrino de Olivares), con lo que las cosas tampoco fueron a mejor.

Lo que sucedió como novedad fue la intervención de sor María Jesús de Ágreda, que influyó notablemente en el rey. Como ya había sucedido con Felipe III y la monja de Carrión, Felipe IV recurrió a la religiosidad en sus años finales para encontrar remedio ante la avalancha de problemas bélicos, políticos, sociales y personales que se cernían sobre él.

La hoy conocida como Venerable Madre Ágreda (ver capítulo IV), fue una monja de clausura que desde muy joven había vivido en un ambiente de gran religiosidad. Desde su ingreso en el convento de las madres Concepcionistas de Ágreda (Soria) gozó de cierta fama como mística que fue creciendo poco a poco hasta alcanzar niveles asombrosos. Entre sus múltiples capacidades se le atribuía la bilocación (estar en dos sitios a la vez). Esta facultad la granjeó gran fama puesto que al parecer en sus «viajes extracorporales», como buena religiosa que era, se dedicó a predicar nada menos que a los indios de Nuevo México.

Estos sucesos llegaron a oídos del rey, que rápidamente inició una relación epistolar con la monja a quien solicitaba consejo sobre las cuestiones más variadas y en las que aquella mujer difícilmente podía ayudarle pese a sus «viajes». Sor María Jesús de Ágreda no dejaba de ser una monja de clausura.

Sin embargo acertó cuando aconsejó al rey que limitase su protagonismo en las fiestas y adoptase una vida más austera. Estos consejos, unidos a las recomendaciones piadosas llenaron de dudas a Felipe IV, que por un lado se arrepentía de su vida disipada, pero por otro lado se dio cuenta de que sus pecados no eran el primer y único problema de España. El conflicto interior marcó notablemente al rey, pero desgraciadamente la mayoría de los problemas eran bélicos y no simplemente morales.

Cuando se reabrió el conflicto de Flandes los Países Bajos se convirtieron en una ratonera. Mientras tanto en Italia las cosas no iban mucho mejor (con las rebeliones de Nápoles y Sicilia). Además en la política interior surgieron problemas como la guerra de Cataluña, los

Boceto en el que se pueden ver los dominios de España durante el reinado de Felipe IV, que como vemos incluye zonas como la actual California o las posesiones en las costas asiáticas. No era sencillo mantener un imperio tan extenso.

continuos ataques de piratas berberiscos en la zona de Levante o el intento independentista de Andalucía encabezado por el duque de Medina Sidonia. Y por si fuese poco, Francia fue ganando terreno a España en cuanto a hegemonía política con tratados como la paz de los Pirineos, un verdadero testamento para una primera potencia mundial.

Se dijo de Felipe IV que su reinado era semejante a un hoyo, ya que cuanta más tierra sacases más grande se hacía. Finalmente España perdió territorios que nunca antes se habían perdido, Portugal se desligó de España definitivamente, y los hasta entonces irreductibles Tercios tuvieron que morder el polvo en derrotas tan desastrosas como Rocroy.

A la vez que caía en picado la política española, la salud de Felipe IV dio muestras de enorme deterioro. Sus excesos juveniles comenzaron a pasar factura y pese a tener sesenta años aparentaba ser un decrépito anciano nonagenario. La corte, con el protocolo habitual, intentó aliviarle con los tradicionales remedios piadosos, una vez que se agotaron los recursos de los médicos del rey.

De nuevo se recurrió al cadáver de San Diego de Alcalá, que se llevó a la alcoba del rey junto con otras tantas reliquias que este rechazó con el argumento de que si aquellos amuletos funcionaban verdaderamente, lo harían pese a estar guardados en sus respectivos templos.

La devoción mal entendida en los últimos años de este reinado propagó rápidamente supersticiones y creencias mágicas con las que se intentaba negar la realidad de un rey que se moría. Se hicieron limpiezas espirituales de sus habitaciones, creyendo que estaban infectadas con algún tipo de encantamiento; se halló incluso un librillo escrito en una extraña lengua con la imagen del rey punteada, considerando aquello como el origen de todos los males. Incluso la llegada de un cometa a finales de 1664 se tomó como un augurio de la muerte del rey (predicción bastante fácil por cierto, teniendo en cuenta como se encontraba en aquellas fechas).

Finalmente, dejando una situación política caótica, murió en Madrid a los sesenta años de edad, siendo su reinado el más largo de un monarca hispano.

Carlos II *el Hechizado*

Un niño un poco especial

Incluso antes de nacer, a Carlos II le rodeó una notable mezcolanza de magia y superstición. Algo incluso lógico ante las desesperantes circunstancias en las que vino al mundo.

Las sucesivas muertes de los hijos de Felipe IV hicieron peligrar la sucesión de la Corona, teniendo en cuenta la avanzada edad del rey (cincuenta y cinco años cuando nació Carlos II). Su salud, cada vez más mermada tampoco tenía muchas expectativas de éxito en las tareas de alcoba. Tanto fue así que los embarazos de la reina Mariana de Austria se vivieron con auténtica expectación, y cada incidente se veía como una señal del futuro.

Estas mismas supersticiones llegaron a las habitaciones donde la reina dio a luz, en las que se amontonaron múltiples reliquias que iban desde el báculo de Santo Domingo de Silos a un diente de San Pedro o una pluma del arcángel San Gabriel..., entre otras muchas. El tiempo demostró su inutilidad.

Detalle del cuadro *La Sagrada Forma*, óleo de Claudio Coello, en el que se representa a Carlos II ante la custodia de la milagrosa «hostia de los tres clavos», que se conserva en la sacristía del Monasterio de El Escorial.

Las previsiones médicas tampoco fueron mucho más halagüeñas. En principio y según las crónicas oficiales, el niño nació esplendoroso y colmado de virtudes, pues como era de esperar la expectación y la esperanza que se habían depositado en él eran totales. Pero la realidad fue bien distinta. El recién llegado resultó ser un bebé extremadamente frágil que necesitaba continuos cuidados.

Su debilidad hizo que se prolongara su lactancia hasta los cuatro años, pero ni con la leche de sus doce nodrizas Carlos II pudo salir adelante, o al menos con buen pie, puesto que cumplidos los seis años apenas sabía andar, lo que demostraba que la musculatura del niño era muy pobre. Además, según algunos testigos el tamaño de su cabeza (síntoma de hidrocefalia) era lo que le hacía perder el equilibrio.

Estas graves deficiencias fueron encubiertas en la corte. Se intentó ocultar el estado del príncipe, sobre todo a los embajadores excesivamente curiosos, llegando a tal punto que empezaron a circular habladurías de que en realidad Carlos II..., ¡era una niña!

El único secreto era su precario estado de salud, deteriorado por enfermedades como la varicela, los catarros, las diarreas, el sarampión, la rubeola y la viruela, todo esto antes de que el príncipe llegara a los doce años.

Y por si no fuese suficiente con las enfermedades contagiosas, la genética le abrumó con varios problemas crónicos del sistema respiratorio y frecuentes cefaleas, además del ya tradicional prognatismo facial de los Austrias.

Tener la mandíbula inferior exageradamente prominente no solo fue un problema estético, también influyó en su gran dificultad a la hora de masticar y en consecuencia, le dio continuos problemas gástricos intensificados por su descontrol a la hora de comer.

Además de todo esto había que añadir los problemas mentales. Para el doctor Gregorio Marañón padecía *Panhipopituitarismo y progeria* y, según estudios forenses de los restos del monarca realizados por la Universidad Complutense, el *síndrome de Klinefelter*, que provocaba su debilidad muscular, la esterilidad y el deficiente desarrollo mental.

Hasta los cuatro años el príncipe Carlos no comenzó a hablar. Sus ayos y profesores solo consiguieron que leyese sílabas y descartaron plenamente la posibilidad de que aprendiese algún que otro idioma, además de un castellano deficiente. No obstante es posible que los encargados de la educación del príncipe se desentendiesen de su labor, dadas las pocas esperanzas de vida con las que contaba el rey.

Sus escasas señales de inteligencia se unieron a la emisión de frases sin sentido y a una distracción continua (quizá autismo). Incluso sufrió crisis epilépticas durante toda su vida, «*sentía a veces unas congojas que terminaban en desmayos. Alrededor de los treinta y siete años, sus desmayos son tan largos que duran a veces más de dos horas y se acompañan de sacudidas bruscas de los brazos y de las piernas y de unos movimientos de los ojos y de la boca hacia un mismo lado*».

Por si fuera poco, todo este catálogo de enfermedades convivía con la escasa higiene y las supersticiones que aconsejaban remedios absurdos, como fueron los delirantes exorcismos a los que se le sometió al final de su vida.

La batalla entre validos

Cuando murió Felipe IV en 1665 Carlos fue nombrado rey con todas sus «peculiaridades», pero el heredero solo tenía cuatro años, así que hubo de recurrir a la regencia. Fue un momento político tenso en el que las diferentes casas reales europeas vieron una posibilidad real de hacerse con la Corona de España. Al efecto, la mayoría de los países ya habían tomado conciencia del asunto al conocer su deplorable estado, así que enviaron sus correspondientes espías a Madrid.

Mariana de Austria, ya viuda, organizó una junta de regencia en la que están representados la aristocracia, la milicia y el clero. Fue entonces cuando apareció en escena el padre Johann Eberhard Nithard, o sea Juan Everardo, que es como se le conoció en España.

El religioso había sido el consejero espiritual y confesor de la reina, incluso antes de que esta se casase, por lo que al anunciarse la boda acompañó a Mariana de Austria a su viaje a España.

No es de extrañar por tanto que a la muerte del rey el confesor alcanzase altos puestos en la escala política, siendo nombrado Inquisidor general un año después. Este cargo, que ya era importante de por sí, le permitió entrar a formar parte de la junta de regencia, y teniendo en cuenta la inestimable confianza que la reina tenía en él, hizo que Johann Eberhard tomase las riendas del gobierno.

La desastrosa situación política heredada directamente de la etapa anterior forzó tratados de paz como el de Portugal que no hacían sino confirmar la decadencia de España, lo que provocaba gran descontento en la población y la consecuente animadversión hacia el nuevo valido. Por el contrario, quien si gozaba del consenso popular era Juan José de Austria.

El hijo de Felipe IV y la Calderona fue famoso, en primer lugar por la popularidad de sus padres, pero además por su carácter intrépido, sus cualidades para el mando, su poder de convicción y su destacada inteligencia. Fue el hijo que, a pesar de su padre, nunca pudo reconocer Felipe IV.

Desde muy joven mostró querencia por las tareas del gobierno y aunque con cierta arrogancia supo obtener buenos y suficientes resultados en Nápoles, Flandes, Francia y Cataluña.

Juan José de Austria.
(Dibujo del autor)

Sencillamente, era la antítesis de su hermanastro Carlos II. De tal forma que cuando el gobierno del padre Nithard llegó a sus máximas cotas de impopularidad reapareció don Juan José (que desde la muerte de su padre, el rey, había permanecido desterrado en un discreto segundo plano) y lanzó un ultimátum a la reina Mariana de Austria: «*O quitaba a su confesor del gobierno o él mismo avanzaría sobre Madrid con sus tropas*».

La reina se vio obligada a cambiar y propuso como valido a Fernando Valenzuela, conocido como el «Duende de Palacio». Este noble andaluz era famoso en la corte por su carácter jovial además de ser un gran conocedor todos los chismorreos que circulaban en palacio, que en algunos casos le señalaban como protagonista. Se decía que su ascenso al poder era consecuencia de sus devaneos amorosos con la reina. Aquellas habladurías no están probadas, pero lo que si se sabe es que el ascenso del nuevo valido se debió en buena medida a su cercanía a los poderosos. Una proximidad demasiado cercana, como sucedió en una cacería en El Escorial, donde recibió el título de Grande de España como compensación por haber sido herido por un disparo del atolondrado rey.

Pero el gobierno mejoró muy poco desde la llegada de Valenzuela. De hecho comprobó su escasa popularidad e intentó ganarse el favor de la gente agasajando a la corte con toros o el descenso del precio del pan.

La incompetencia del nuevo valido colmó la paciencia del amenazante Juan José de Austria, que decidió dar un golpe de estado en 1677, poniendo así punto y final a los tejemanejes del gobierno del «Duende de Palacio», que acabó sus días desterrado en México cuidando caballos.

La enemistad de Juan José hacia la reina madre Mariana hizo que esta se retirase a Toledo. Al fin y al cabo ya no se necesitaba su autoridad ya que desde 1675 el rey Carlos II era mayor de edad. Pero, por mucha mayoría de edad que Carlos II tuviese, depositar el poder en sus manos era una auténtica locura, por ello entró al mando su hermanastro.

Desafortunadamente las pestes y las malas cosechas volvieron a complicar la situación, y el nuevo valido perdió su gran baza para gobernar: el favor del pueblo. Los pasquines y folletos (predecesores de la prensa escrita) que previamente le habían ayudado, se revelaron contra él criticándole con versos satíricos. Finalmente y a los pocos años don Juan José terminó muriendo en Madrid.

El reinado de Carlos II

En 1679 y pese a todos los pronósticos, Carlos II seguía vivo y además estaba hecho todo un mozalbete en edad de merecer. Por lo tanto no se tardó en tratar de encontrarle esposa.

En Francia vivía la hermana mayor de Carlos II, la infanta María Teresa, que se había casado con Luis XIV convirtiéndose en la reina de Francia y esposa del rey Sol.

Y precisamente fue desde Francia desde donde se propuso como candidata a la sobrina del Rey Sol, María Luisa de Orleans, que nunca llegó a enamorarse de su marido, pero que con el tiempo si pareció tomarle cierto cariño, correspondido por el particular afecto de Carlos II, que pese a su caótica situación psicológica mostraba una cándida emotividad. No obstante sus obligaciones como rey le exigían ciertos compromisos más allá del afecto…, y la reina no quedaba embarazada.

En los retratos de Carlos II, y especialmente en este de Claudio Coello, puede apreciarse su aspecto deficiente y enfermizo.

Dada la mentalidad de la época a ningún español de bien se le ocurrió pensar en la posible esterilidad del monarca, por eso mismo se achacaron todas las culpas a la reina. Pero al mismo tiempo poner en duda la fecundidad de María Luisa de Orleans suponía una ofensa diplomática en Francia. Por este motivo, desde allí se envió una comisión de espías con la bizarra misión de conseguir unos calzoncillos de Carlos II con los que poder demostrar que el rey era estéril.

Para añadir más dramatismo a la situación, Carlos II además de no poder rendir como esposo, difícilmente cumplía tampoco con su papel como rey. Se aburría soberanamente cuando sus políticos le informaban de las cuestiones de estado y sin embargo dedicaba toda su atención a ver como se hacían los pasteles en las cocinas del Alcázar. Todo esto siempre y cuando no estuviese enfermo en la cama, pues su salud no mejoraba con el tiempo y la dinastía de los Austrias en España pendía de un hilo cada vez que al rey le dolía la cabeza.

Tampoco tuvo mejor suerte la reina, pues según las crónicas oficiales, cuando regresaba de dar un paseo a caballo sufrió un dolor agudo en el vientre (¿apendicitis?) que le hizo fallecer aquel mismo día.

Las extrañas circunstancias de su muerte, sumadas al descontento general que suponía la falta de un heredero durante los diez años que duró el matrimonio, hace pensar que la posibilidad del envenenamiento no fuese tan remota...

Lo que sí parece cierto es que aquella pérdida supuso un gran varapalo para la integridad emocional del rey, ya que desde el destierro de su madre a Toledo, la reina María Luisa de Orleans era la única fuente de afecto de Carlos II.

A veces un clavo saca a otro clavo, y ese mismo año se celebró la boda por poderes entre Carlos II y Mariana de Neoburgo, que al contrario de su esposo gozaba de un estupendo estado físico. Era una jovencita alta, pelirroja, de exuberantes pechos, y fornida complexión. En definitiva, toda una mujerona comparada con su raquítico marido.

María Luisa de Orleans.

Mariana de Neoburgo.

Primó la razón de estado, porque Mariana había sido escogida por ser hija de Isabel Amalia de Hesse-Darmstadt, duquesa de Neoburgo, que había tenido la friolera de veintitrés hijos. Con una madre así se suponía que Mariana sería una reina lo suficientemente fértil como para darle un hijo a Carlos II, y por si fuera poco pertenecía a la rama austriaca de los Austrias, con lo cual los lazos familiares se volvían a reforzar por enésima vez.

El matrimonio no fue más fructífero que el anterior y Carlos II siguió sin tener un heredero.

Aún no cundió el pánico, o al menos en el ánimo de la nueva reina, que al contrario de las anteriores, supo obtener provecho de la situación y consciente de la emoción que producía su estado de buena esperanza, llegó a fingir hasta once embarazos para lograr sus intereses. En resumen el manejo total del rey para aumentar su fortuna personal, sin dejar de jactarse de la posición que ocuparía Alemania cuando Carlos II muriese sin descendencia. Lógicamente estas tretas llevaron al descontento del pueblo, que veía en la reina una mujer fría, calculadora, y maquiavélicamente retorcida.

Además, sus maquinaciones políticas también la enemistaron con buena parte de la nobleza, escandalizada por una abundante camarilla de pícaros que la rodeaban como «La perdiz» y «El cojo» (la condesa de Berlespech o Berlips y Enrique Wissen). Su principal interés fue lucrarse aprovechándose de la caótica situación y obtener pingües beneficios. Como dice el refrán…, «*A río revuelto ganancia de pescadores*».

Más allá de los escándalos que provocaban, lo realmente peligroso de esta cuadrilla no fue ni siquiera su inagotable sed de dinero, sino más bien sus sospechosos tratos con la facción alemana candidata al trono a la muerte del monarca. Debido a este tráfico de influencias el pueblo hizo lo único que podía hacer en estos casos, recurrir a la sátira.

«*A la Berlips otros dicen*
es la cantina alemana
que bebe vinos del Rhin
más que sorbetes y horchatas»

El caos político corría paralelo a las hambrunas y el descontento popular. La crisis financiera provocó una situación delirante de la que la propia reina sacó provecho buscando los medios y maneras con los que conseguir pensiones, señoríos y demás beneficios a la muerte del rey, que pese a sus enfermedades seguía vivo..., de momento.

Entre hechizos y exorcismos

Durante aquel segundo matrimonio, el añorado heredero seguía sin aparecer. Conocedora del desprestigio al que se había enfrentado su antecesora, María Luisa de Orleans, Mariana de Neoburgo y quienes la apoyaban se adelantaron a los que pretendieran cuestionar su fecundidad.

Fue entonces cuando se empezó a ofrecer una serie de espectáculos dantescos cuyo principal objetivo era demostrar que si los frutos del

matrimonio no llegaban, no era fallo de la reina, sino por culpa del rey, algo que crearía más de una enemistad. Así, se disiparon las responsabilidades achacando la desgracia al tan siempre recurrido Satanás. De modo que, aprovechando el descontrol religioso de finales del siglo XVII, se apeló a la magia y a los encantamientos como presuntos motores del lamentable estado de Carlos II, que empezaba a ser conocido como «el hechizado».

En esa situación confluyeron toda una serie de personajes estrafalarios que iban reforzando la novelesca teoría del encantamiento del rey. Además, la hipótesis cobró fuerza entre otras cuestiones porque ya hubo precedentes durante la agonía de Felipe IV, cuyas enfermedades supuestamente eran fruto de hechicerías. Sin embargo la presunta maldición de Carlos II superaba con creces la de su padre.

Incluso se llegó a traer a Madrid a un fraile asturiano, Antonio Álvarez Argüelles, famoso por sus exorcismos, o el napolitano Fra Mauro Tenda, quien también fantaseaba sobre amuletos y endemoniados. Se

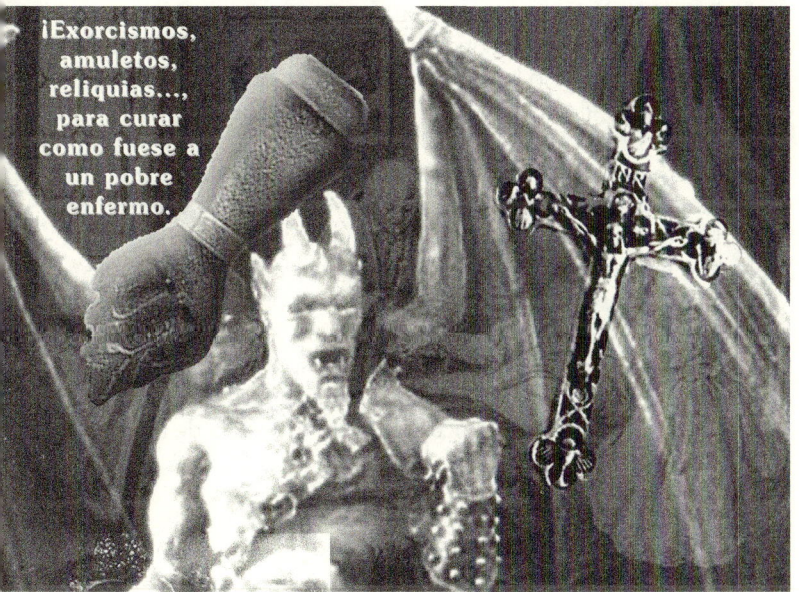

¡Exorcismos, amuletos, reliquias..., para curar como fuese a un pobre enfermo.

añadió otro invitado estelar más a aquella gran pantomima, un muchacho alemán por cuya boca se suponía que hablaba el propio Belzebú. Según este joven, su majestad había sido envenenado a la edad de catorce años con una pócima que le habían suministrado en un chocolate.

Detrás de toda esta amalgama pintoresca de brebajes, demonios y posesos, iba creciendo el germen de una futura guerra de sucesión atisbándose ya los primeros enfrentamientos entre las casas de Borbón y Austria.

Dependiendo de sus tendencias políticas, los exorcistas culpabilizaban a María Luisa de Orleans (casa de Borbón), o a la reina madre (casa de Austria). Mientras tanto la primera apoyaba y seguía estos rituales por absurdos que fuesen, que realmente solo servían para perjudicar a este pobre títere que fue Carlos II.

Una de esas macabras ceremonias consistió en mostrarle todos los cadáveres del panteón de El Escorial, ante lo que se deshizo en llantos como un niño cuando vio los restos putrefactos de su primera esposa.

Hubo más golpes emocionales cuando a estas estrambóticas cuestiones se añadió un ritual consistente en beber aceite bendito. Tras tomar aquel sospechoso bebedizo, los exorcistas dijeron que lo mejor sería embadurnar el cuerpo del rey, desnudándolo previamente en una gélida capilla del Alcázar.

Esta barbaridad resultó bastante sospechosa, porque el cambio de temperatura afectó notablemente al endeble cuerpo de Carlos II, que enfermó gravemente y murió en cuestión de días. Por esta razón siempre quedó la duda de ¿qué sucedía realmente en aquellos rituales?

Moría el rey, y con él la dinastía. Los años gloriosos se habían quedado en sueños y como sentenciaba Calderón, el último gran dramaturgo de aquel siglo..., «*los sueños, sueños son*». Comenzaba ahora una fuerte disputa dinástica entre la rama austriaca del linaje de los Habsburgo y los Borbones franceses, y para desgracia de los españoles, la piel de toro sería el campo de batalla.

Capítulo VII

LOS PRECEDENTES DE LA LEYENDA NEGRA

A nivel histórico, aparte de los logros y fracasos del imperio español, existió un factor que condiciona notablemente la percepción que se tiene de aquellos años. Ese elemento no es otro que la llamada Leyenda Negra, una campaña mediática destinada a distorsionar la imagen de España como país, como gobierno e incluso afectando a sus gentes. Las motivaciones de este desprestigio quizás sirvan para que sepamos que hubo de cierto en la Leyenda Negra, por ello hay que remitirse a sus orígenes.

Hay muchas teorías acerca de su origen. Se podría decir que existen tantas como enemigos ha tenido España o cualquiera de los diferentes reinos que la vertebraron a partir del año 1492.

A lo largo de toda la Edad Media la península ibérica jugó un papel muy particular en Europa. En ella se vivía culturalmente una situación muy diferente al resto de los países de la cristiandad. La herencia del mundo clásico fue convertida en progreso gracias a la tolerancia practicada en determinados periodos de dominio islámico y algunos del cristiano. Influyó también la aparición de rutas de peregrinación como el camino de Santiago, que fomentaron la riqueza intelectual del territorio.

Mientras las diferentes órdenes religiosas y militares europeas se unían a las Cruzadas que se fueron convocando con el fin de conquistar Tierra Santa, en la antigua Hispania de los romanos se vivía una muy particular, de otro estilo y con otras intenciones.

En la que se ha venido a llamar Cruzada del Sur hubo momentos de convivencia necesarios para que se alcanzaran numerosos progresos culturales y sociales, cosa que hubiera sido imposible de conseguir sin unos mínimos comportamientos cívicos.

Pero no hay que olvidar que frecuentemente se han atribuido al Medievo español muchas mitificaciones e idealizaciones románticas y la historia nos demuestra que la convivencia entre las tres culturas no siempre fue positiva. En ciertas ocasiones el fanatismo religioso truncó las buenas relaciones entre judíos, cristianos e islámicos.

Sin embargo, pese a esos enfrentamientos, en general se superaba con creces en tolerancia a los países del resto de Europa, donde resultaba insólito y casi inadmisible el entendimiento entre cristianos y los considerados «infieles» en una misma ciudad. Así sucedió por ejemplo cuando tropas auxiliares cristianas que acudieron a la batalla de las Navas de Tolosa atacaron la judería de Toledo.

A decir verdad, a los ojos de los extranjeros no siempre quedó clara la diferencia entre castellanos o aragoneses y andalusíes. Era frecuente encontrar mercenarios de una y otra confesión en los diferentes bandos que se formaban, alimentando un enfrentamiento permanente que se venía arrastrado desde hacía ya varios siglos.

Los diferentes reinos cristianos que nacieron de aquel continuo guerrear, lo hicieron con ánimos expansionistas y no siempre les bastó con la reconquista de territorios antaño suyos, sino que fueron más allá, llegando a lugares donde los futuros españoles se convirtieron en serios invasores.

Precedentes mediterráneos: la *venganza catalana*

El reino cristiano de Aragón era sin duda uno de los más poderosos de la península y su control no se limitó solamente a los territorios de la costa levantina, sino que desde Mallorca alcanzó tierras italianas conquistando los reinos de Sicilia y Nápoles. Esto no solo suponía una mayor área de influencia para la Corona, sino que además controlaban el comercio en el Mediterráneo occidental, hecho en el que fueron protagonistas sobre todo los comerciantes catalanes, apelativo en el que sicilianos y napolitanos incluyeron a todos, ya fueran de la propia Cataluña, de Aragón o de Valencia.

El reino iba expandiéndose cuando se incorporaron unos curiosos personajes, los almogávares, que dieron quebraderos de cabeza a todo el mundo.

De origen incierto, esta tropa de infantería se nutría con unos hombres tan extravagantes como efectivos. Fuertemente armados y muy curtidos gracias a una austeridad extrema, su fuerza como cuerpo de choque no tenía comparación en todo el resto del *Mare Nostrum*.

Al principio, su misión se limitó a asestar golpes fugaces, saqueando tierras del Al-Ándalus. Pronto la Corona de Aragón comprendió que aquellos ataques iban más lejos de lo que estaba planeado, y el fácil descontrol de aquella tropa podía acarrear problemas estratégicos a largo plazo. Por ello, y teniendo en cuenta que pese a lo indómito de su carácter eran tropas efectivas, los diferentes monarcas los utilizaron en sus campañas expansionistas. Una vez alcanzados los objetivos, los almogávares eran prudentemente retirados para evitar posibles altercados, como los acaecidos en Sicilia.

Visión del autor del aspecto que tenían los almogávares.

Al servicio de diversos amos y señores, llegaron hasta el imperio de Bizancio capitaneados por el antiguo templario Roger de Flor. Allí combatieron con nuevos enemigos como eran los turcos, a quienes también vencieron. Sus éxitos inquietaban en los palacios de Bizancio, donde se les contemplaba con un cierto resquemor. Eran considerados un grupo incontrolado de guerreros revoltosos dispuestos a rebelarse en cualquier momento, lo que demostraba que los bizantinos les conocían bien, y sabían que en buena medida su arrojo dependía de su lealtad. Eliminando a su líder, posiblemente acabasen de una vez por todas con aquellos insufribles individuos.

Craso error, el asesinato de Roger de Flor les enardeció y decidieron vengarse. El emperador intentó repeler en vano a aquella enfurecida masa, y el resultado fue la pérdida de unos veintiséis mil de sus soldados, a los que habría que añadir los mercenarios alanos que cayeron en manos de los sublevados.

La noticia fue conocida pronto en ambas orillas del mar. A partir de entonces aquel episodio es conocido como la *venganza catalana*. Se culpaba así de su furia extrema al resto de catalano-aragoneses. Curiosamente, la fama de este episodio ha llegado hasta nuestros días con una conocida maldición: «... *así te alcance la venganza catalana*».

Esta leyenda cobró aún más fuerza cuando los indómitos almogávares siguieron conquistando más tierras en Grecia para la Corona. Los lugares de paso, como por ejemplo Nápoles y Sicilia se consideraron invadidos y acentuaron su suspicacia hacia Aragón.

Los aragoneses y Roma

Una de las primeras consecuencias de aquella política colonial fue que no tardaron en ponerse en práctica las típicas maniobras que conllevaba la ocupación de un territorio. O sea, la apropiación de puestos y plazas que históricamente habían pertenecido a familias del territorio conquistado. El mejor ejemplo en Italia lo daría la Iglesia.

Desde el siglo XIV la curia vaticana observó como las pretensiones de Aragón llegaban incluso hasta el propio trono de San Pedro. Así sucedió con hombres ilustres como Pedro Martínez Luna, quien tras haber sido nombrado sucesor de Pedro con el nombre de Gregorio XIII, fue derrocado y declarado antipapa. La historia le recuerda como el Papa Luna.

Pero los súbditos de la Corona no cesarían en su empeño. En 1455 otro representante de la nobleza, Alfonso de Borja, fue nombrado Sumo Pontífice con el nombre de Calixto III.

Con su llegada al Vaticano, las familias aragonesas acapararían los más altos puestos en la cabeza de la Iglesia. Finalmente cuando Aragón y Castilla se fusionaron, el poder de España llegó de nuevo y con más fuerza a Roma. Fue a través de otro representante de la rama valenciana de la familia Borja, Rodrigo, quien con gran astucia y discreción fue ascendiendo hasta coronarse con la tiara pontificia como Alejandro VI. Fue en el año 1492, el mismo de la capitulación de Granada y el Descubrimiento oficial de América.

Aquel año fue clave para poner en marcha una maniobra política del más hondo calado. La irrupción de España como gran potencia mundial y el ascenso de un Papa de origen español suponían influir poderosamente sobre casi toda la sociedad de la época. Debemos tener en cuenta que bajo su supervisión se firmó el Tratado de Tordesillas, realmente una manera de dividir ventajosamente un continente hasta ahora desconocido como era América, que se convertiría en el gran tesoro de la Corona española.

Italia, que hasta entonces había gozado del privilegio de contar con el favor vaticano, se veía desprotegida ante la conquista de los principales puestos políticos por catalanes, aragoneses, castellanos..., en definitiva españoles.

No acabó todo aquí, siguiendo con la tradición anterior los nuevos dirigentes basaron su poder en el linaje y en la fuerza de la familia. Los Borja italianizaron su apellido, transformándolo en Borgia, en un alarde de astucia que demostraba hasta donde llegaba la ambición de estos valencianos ahora romanos.

Hasta entonces la «pre-Leyenda Negra» de España estaba únicamente sustentada por la lejana historia de los almogávares y el dominio catalán de las rutas comerciales. Sin embargo un nuevo episodio, curioso y paradójico, vendría a abundar en todo lo dicho, e ilustrará como era aquella política.

Con la conquista del reino nazarí de Granada, Aragón y Castilla se dieron cuenta de que su único punto común y dada la diferencia política entre reinos totalmente independientes, era la unidad religiosa. Por ello y pese a que se concedió una tregua a los granadinos, se buscó desesperadamente esta, que se basaba en el catolicismo. Allí no tendrían cabida los judíos, que serían expulsados en el caso de no querer convertirse a la fe de Cristo.

La consecuencia fue que muchos de ellos abandonaron España, la tierra que desde tiempo inmemorial había sido su querida Sefarad. Algunos fueron al norte de África, donde fueron tratados vergonzosamente, otros alcanzaron Tierra Santa y los restantes se repartieron entre la actual Turquía y diferentes países europeos, destacando Italia en primer lugar, donde nada más llegar dejaron bien claro su origen sefardita. Esto significaba obtener ciertas ventajas diplomáticas que no siempre conseguían contrarrestar los problemas religiosos que planteaba su presencia.

La palabra español empezó a asociarse al término judío debido a la larga convivencia entre unos y otros, mucho mayor que lo que había sucedido en otros países europeos. Por otra parte la política de Alejandro VI fue la de favorecer a los recién llegados y ser considerado también «sefardita» por los italianos de origen. Entre ellos, su sucesor Julio II le llamó «*marrano circunciso*» y Paulo IV hizo años más tarde esta calificación extensible al conjunto de los españoles a los que consideraba «bárbaros» por mezclarse con «moros y judíos».

Alejandro VI, el Papa Borgia, un prelado de origen valenciano que nunca fue aceptado del todo por las familias italianas que nutrían la curia de cardenales, como los della Rovere, los Colonna, o los Orsini. Además, su protección a los judíos expulsados de España le valió la animadversión de los romanos.

Este rechazo a los españoles dio lugar al nacimiento de otra leyenda negra dentro de la propia Leyenda Negra, que fue la asociada a los Borgia, plagada de intrigas, conspiraciones, pócimas venenosas y otras lindezas que responden más a un recurso literario empleado en el Romanticismo por Víctor Hugo que a los hechos reales.

Los Borgia fueron una familia unida y poderosa (algo nada nuevo en Roma). Alejandro VI veló porque sus descendientes ocupasen puestos preferentes en la sociedad italiana, que empezó a sentirse incómoda por tal acúmulo de poder y por la aparición de enfrentamientos entre intereses contrapuestos encabezados, de un lado por César Borgia, y del otro por el Gran Capitán, Gonzalo Fernández de Córdoba.

El Saqueo de Roma

Desde entonces el poder español sobre los reinos de Sicilia y Nápoles fue total, y más temibles que los recuerdos del pasado podrían ser las amenazas del presente.

El nacimiento de Carlos I supuso la incorporación al problema de otra gran potencia, el Sacro Imperio Germánico, porque el nieto de los Reyes Católicos heredaba por vía materna todas las posesiones de Castilla y Aragón, y por su padre los vastos territorios pertenecientes a los Austrias, a lo que hay que añadir el comienzo de las guerras con Francisco I de Francia.

En el año 1526 el entonces Papa Clemente VII tomó la errónea decisión política de posicionarse en el bando contrario al poder del ya emperador, el «César» Carlos (hubo incluso tratos paradójicos con el Turco). Al intervenir en el conflicto, los Estados Pontificios sufrieron las tremendas repercusiones militares del «Saqueo de Roma», cuando entraron en la Ciudad Eterna las tropas de Carlos I.

Desde luego, este lamentable episodio fue otra carga de leña que avivó la hoguera interpuesta entre italianos y españoles. Injustamente, porque hay que tener en cuenta que gran parte del ejército imperial estaba formado por soldados de diferentes nacionalidades procedentes del Sacro Imperio Germánico, que era la suma de los territorios correspondientes a los Reyes Católicos (casa de Trastámara) y la dinastía Habsburgo.

Históricamente se ha tratado de diluir las culpas de los españoles acusando a los soldados alemanes de luteranos, que como enemigos del poder de Roma obraron según sus intereses. Sin embargo, no podemos olvidar que curiosamente uno de los dirigentes más despiadados que participaron en aquel saqueo, Fabriccio Maramaldo (italiano a la sazón), no era luterano ni español. Este personaje demostró con sus acciones sentir una gran indiferencia para con el credo o nacionalidad de sus víctimas, siempre y cuando pudiese conseguir un suculento botín.

Por lo tanto, y pese a que los españoles simplemente fueron «unos de tantos» en aquel saqueo, las acciones emprendidas contra el Vaticano fueron un antecedente perfecto para dar paso a la Leyenda Negra en aquel siglo XVI.

El saqueo de Roma, uno de los precedentes de la Leyenda Negra, y una mancha en el expediente ultracatólico de Carlos V, no solo por atacar al Vaticano, sino por la brutalidad desmedida de las tropas imperiales.

Precedentes europeos

En general, las relaciones diplomáticas y culturales entre los reinos católicos de la península y el resto de Europa consistieron en algunos intercambios comerciales basados sobre todo en el comercio de la lana, y en lo político en uniones matrimoniales esporádicas. No hubo nunca gran fluidez, porque los ibéricos carecían de fuerza como para participar en campañas más allá de los Pirineos, teniendo en cuenta los problemas derivados de la inestabilidad de la frontera sur.

Debido a ello, la imagen de los castellanos, aragoneses o navarros en Austria y Alemania estaba muy distorsionada, y se formaba, en general a base de relatos de peregrinos que pese a tener cierto nivel cultural como el clérigo francés Americ Picaud consistían en descripciones demasiado personales y peyorativas sobre las gentes de la península.

El hecho de que los hispanos compartieran su territorio con musulmanes y judíos era visto con cierta inquietud, sobre todo a partir de que las presiones crecientes de los turcos convirtieran el flanco sur en una posible puerta abierta para una nueva invasión musulmana.

Por tanto, en Centroeuropa se sospechaba de los reinos que habrían de formar España, sobre todo a partir de la aparición de las corrientes renacentistas y humanistas en Alemania, donde empezó a ensalzarse a los héroes locales en respuesta a la dificultad de identificarse con la gloria de la Roma antigua.

En definitiva, la imagen que tenían de los habitantes del sur era realmente extravagante, aunque fuera imparcial en muchos aspectos.

El progreso intelectual que supuso el humanismo hizo que los países centroeuropeos fueran muy críticos con el papel de la Iglesia católica. La desmedida opulencia de Roma sirvió de detonante final para que, desde la ciudad alemana de Wittenberg, Martín Lutero estableciera las bases del Protestantismo creando así una nueva brecha entre los cristianos.

Quedó así abonado el campo para la aparición de un fanatismo inevitable y radical, que dividió a Europa en dos bandos religiosos que se demonizaban mutuamente. Los príncipes y los reyes se posicionaron en uno u otro bando según sus intereses políticos.

La forja de un imperio

Se han hecho numerosas comparaciones históricas entre el imperio español y otras potencias mundiales en aras de dilucidar qué es lo que realmente se entiende por tal. Utilizaremos el referente histórico que significó el más grande de la antigüedad, el de Roma.

Tanto por su situación geográfica como por el momento que se vivía, el imperio romano fue un claro ejemplo a seguir por el gobierno de España, que aplicó además estrategias políticas propias del Renacimiento. Las de Fernando el Católico, por ejemplo, fueron alabadas por el propio Nicola Maquiavelo.

Los Reyes Católicos se dieron cuenta de que la clave era la unión familiar. Siguiendo su lema «Tanto monta, monta tanto», unieron sus posesiones mediante un matrimonio negociado y juntos lograron apropiarse del reino de Granada, así como de los principales apoyos norteafricanos con los que contaba el reino nazarí. De igual forma pensaron en hacerlo con sus hijos, a los que enlazaron con las principales Coronas del viejo continente, siguiendo un plan que miraba a Europa. Así, el príncipe Juan y la entonces infanta Juana se casarían con miembros de la casa de Austria; Isabel y María fueron destinadas a unirse a las casas de Avis en Portugal, y Catalina a los Tudor de Inglaterra. Esta maniobra, teniendo en cuenta las posesiones de Aragón en Italia dejaba a Francia rodeada por reyes, reinas o sucesores a la Corona españoles en los países colindantes.

Fruto de ese plan dinástico nació Carlos I, que fusionaba las posesiones de España con las del Sacro Imperio Germánico (abarcando los actuales Países Bajos, Alemania, Austria y parte de Hungría). El nieto de Isabel y Fernando fue quien generacionalmente tuvo que enfrentarse a Francia. Las victorias del nuevo emperador no hicieron sino reafirmar su hegemónico poder europeo.

Pero a diferencia de cualquier otro país, España contaba con América. El descubrimiento del nuevo mundo hizo que la idea de imperio pasase de ser europea a ser mundial.

Al aceptar los reyes Católicos la propuesta del enigmático Cristóbal Colón, lograron poner a España en una situación similar a la alcanzada por reinos como el macedonio de Alejandro Magno, o la Roma de los césares. Así, pusieron en marcha directrices similares a las aplicadas en el mundo clásico. La diferencia consistía en que los castellanos y los aragoneses se enfrentaban a un mundo totalmente desconocido.

Con la llegada de los españoles a América no solo se colonizó el territorio, sino que se dio un paso más y se le integró como una parte fundamental en los reinos ya existentes. España se convertía así en el primer imperio moderno europeo y por tanto de carácter mundial (teniendo en cuenta que pese a que otros imperios abarcaron «su mundo conocido», no dominaron territorios en la totalidad del globo).

Mientras tanto, el plan dinástico en el que se sustentaba el proyecto imperial parecía no resultarle tan agradable al representante de la casa Tudor, Enrique VIII de Inglaterra. Su primera esposa, Catalina de Aragón, hija de los Reyes Católicos, no tuvo un hijo varón y por ello decidió disolver su matrimonio.

El monarca eligió un mal momento para divorciarse, porque en aquel año de 1527 a Carlos I le resultaba sumamente beneficioso mantener la alianza con Inglaterra. Al mismo tiempo y en última instancia, la disolución del matrimonio dependía del Vaticano quien tras el saqueo de Roma, lo último que seguramente haría, sería contrariar al Emperador.

Así sucedió, Clemente VII tras dudarlo mucho determinó la imposibilidad de romper lo que Dios había unido en los cielos. Enrique VIII tomó entonces la decisión de provocar un cisma religioso y autoproclamarse líder de la Iglesia anglicana, disolviendo él mismo su matrimonio. Inglaterra acababa por tanto de declararse enemiga de España.

La España imperial

Carlos I había conseguido territorios gracias a sus campañas militares, pero sabía que mucho más iba a ganar incorporando las herencias procedentes de uniones dinásticas, por tanto diseñó para su hijo el mismo plan que idearon los Reyes Católicos. Los objetivos eran claros, conseguir Portugal, Inglaterra y Austria.

Portugal tenía gran importancia. Contaba con las tierras americanas que no estaban en poder de España, y además su envidiable desarrollo naval le había permitido colonizar numerosos puntos en África e incluso en la lejana India. Inglaterra por su parte, además de influir políticamente, estaba pendiente de anexión con España desde tiempos de los Reyes Católicos y la anexión de Austria permitiría conseguir la unidad de todos los territorios continentales.

En consecuencia, Carlos I se unió en matrimonio con Isabel de Portugal, haciendo que el sucesor de ambos fuese un claro pretendiente al trono de su país. Un año después nació Felipe II.

La gran extensión del imperio hizo que el nuevo monarca se convirtiese en rey poco a poco, en primer lugar para facilitar las alianzas familiares y en segundo para conseguir una organización política mejor. Con la coronación de Felipe II, España se hacía con los territorios heredados de antaño, más los territorios conquistados por su padre y a su vez los conseguidos por el mismo a raíz de sus sucesivos matrimonios.

No importaban las relaciones congénitas. El «rey prudente» estaba muy interesado en obtener los beneficios políticos y dinásticos que le ayudaran a anexionar Portugal e Inglaterra (aunque esta pretensión se truncó con la muerte de su esposa María Tudor). También consiguió anexionar los territorios de la casa de Austria que su padre no había logrado heredar.

Paralelamente los territorios conquistados en América iban creciendo, y sucesivas expediciones en ultramar habían incluso dado el nombre del monarca a una de las tierras más lejanas a las que los europeos habían llegado nunca, las Islas Filipinas.

A todo esto hay que añadir que la única potencia que podía amenazar el conjunto de Europa, Turquía, había sido aplastada en Lepanto, disminuyendo así el poder de los otomanos.

Comienzan los problemas: don Juan de Austria

La energía del rey no solo se notó en el campo militar, sino también en su descendencia. De los diez hijos de Carlos I, solo la mitad eran legítimos, el resto fueron fruto de escarceos con bellas cortesanas como Bárbara Blomberg, madre del futuro don Juan de Austria.

Precisamente este, como hijo bastardo que era, había pasado buena parte de su infancia al margen de la vida pública y tuvo que luchar toda su vida para ser reconocido como miembro de la familia real. La suya es una historia de superación que le hizo convertirse en un héroe del momento.

Jeromín (como se le conocía en la corte mientras vivió camuflado como paje) conoció a su verdadero padre en el monasterio extremeño de Yuste, donde se había retirado tras abdicar en su primogénito. Desde entonces Juan de Austria sería tratado como uno más de la familia, pudo realizar estudios universitarios y tener casa propia, así como su correspondiente remuneración económica.

Como ya sabemos, Felipe II también admitió a su hermanastro en la corte, donde don Juan siguió haciendo méritos para integrarse en la familia. Su vocación militar le hizo desde muy joven lanzarse a las aventuras que su prudente hermano trataba de evitar. Por ello durante un tiempo la vocación diplomática del primero se complementó a la perfección con el ánimo guerrero del segundo. Aquellas empresas militares en las que se embarcaba España terminaban con triunfos aplastantes, como la guerra de las Alpujarras, Túnez o la batalla de Lepanto.

Sin embargo, junto a la fama de don Juan, creció la desconfianza del rey. Felipe II se vio gravemente influido por la opinión de su polémico secretario Antonio Pérez, que había sido introducido en la corte por la influyente familia de los Mendoza, hasta alcanzar el puesto que ocupaba.

Antonio Pérez, secretario de Felipe II.

Desde su juventud, Felipe II le había reprendido por su disipada vida pero no por ello perdió el favor real. Por motivos aún no aclarados, este intrigante hombre comenzó a levantar infundadas sospechas sobre don Juan a quien, pese a no que no le faltaba ambición política, nunca se le pudo demostrar que pretendiera derrocar a su hermanastro.

Antonio Pérez propuso como medida de control nombrar para don Juan un secretario de la mayor confianza que pudiese seguir de cerca todos sus pasos. A tal efecto propuso a Juan de Escobedo, un viejo amigo. Ambos habían sido protegidos por Rui Gómez de Silva y su mujer la princesa de Éboli, sin embargo la amistad que les unía pareció truncarse al poco de entrar Escobedo al servicio de don Juan.

El enfrentamiento entre los dos no hizo sino alimentar las sospechas del rey. Así que recelaba de todas las propuestas o alternativas que le planteaba su hermanastro. Pese a ello la eficacia militar y política de don Juan le hacían siempre imprescindible. Sobre todo entonces, cuando comenzó como ya sabemos a gestarse el peor problema al que había de enfrentarse España, Flandes.

La decisión de nombrar gobernador de aquellas tierras al implacable duque de Alba creó un espíritu rebelde con ansias de independencia. Al llamado «duque de hierro» le sustituyó un gobernador mucho más moderado, Luis de Requesens, pero la mecha ya había sido prendida y los flamencos se negaron a volver atrás, alzándose de nuevo contra el poder de Felipe II.

Buscar la paz en Flandes era el primer objetivo del rey y nuevamente recurrió a Juan de Austria quien como era de esperar logró sus objetivos pacificadores..., momentáneamente.

Antonio Pérez *vs* Juan de Escobedo

La situación estaba en calma, pero la falta de dinero ponía en peligro la tranquilidad entre la tropa, que no dudaba en lanzarse al saqueo si no recibían pronto su paga en un tiempo razonable.

En 1577 don Juan envió a su secretario Juan de Escobedo a la corte, con el encargo de conseguir más dinero para solventar estos problemas, pero parece ser que este regresó a España, además de a por fondos, con una información tan comprometida como peligrosa.

A su llegada, Antonio Pérez no tardó en sospechar y acusarle de ser cómplice de unos supuestos maquiavélicos planes

Juan de Escobedo.

del hermanastro. Según él, pretendía hacerse con el control de Flandes para, desde allí, iniciar la conquista de Inglaterra. La maniobra consistiría en primer lugar en contraer matrimonio con María Estuardo, reina de Escocia, e ir ganando terreno hacia el sur hasta acabar con Isabel I de Inglaterra.

Esta maniobra podría tener cierta lógica, y es probable que entrase dentro de los planes políticos de don Juan, pero Antonio Pérez se ocupó de magnificar y deformar la realidad, especulando con que el hermanastro del rey lo que pretendía era derrocarle una vez fuese coronado en Inglaterra.

Por extraño que pueda parecer, las sospechas tomaron cuerpo y Antonio Pérez consiguió la confianza del rey hasta hacerle creer que era absolutamente necesario deshacerse de Juan de Escobedo. Habría que asesinarle.

Varias dudas hacen de este punto el lugar donde radica la gran importancia de la intriga. ¿Por qué pretendía Pérez acabar con Escobedo a toda costa? Si tan firme era su sospecha..., ¿no debería haber emprendido acciones legales denunciándolo ante un tribunal?

Parece ser que entre ambos había relaciones mucho más complejas. No resulta descabellada la idea de que Escobedo tuviera información privilegiada que comprometía a Antonio Pérez quien, ante el inminente peligro de ser acusado ante el rey, quisiera eliminar a su posible denunciante. Incluso así hay otras dudas, ¿de qué documentos se trataba?, ¿de qué información?

Nada se sabe al respecto, pero en 1578 los planes de Antonio Pérez empezaron a ejecutarse. Fueron tres veces las que el secretario del rey intentó envenenar a su antiguo amigo, primero invitándole a su casa donde le sirvió unas «aguas mortíferas» que no lograron su deseado efecto, lo mismo sucedió con el arsénico, al que Escobedo logró resistir.

Ante tal resistencia, Pérez infiltró a un cocinero en el servicio de la casa de Escobedo para que lo lograra administrándole «solimán» (veneno en aragonés) que terminara por fin con el secretario de don Juan de Austria, pero tampoco tuvo éxito.

Juan de Escobedo cayó gravemente enfermo, pero una vez más superó la intoxicación y sus médicos lograron recuperar su salud, aunque denunciaron el envenenamiento. Nuevamente la suerte jugó a favor de Pérez cuando todas las culpas recayeron en una criada morisca que acabaría sus días en la horca.

Este no sería el primer crimen con el que se relacionaría a Antonio Pérez, pues diez años antes se había visto involucrado en la muerte de Diego Vargas (un funcionario de la corte que a su muerte dejó vacante la plaza de «Asuntos Mediterráneos» que el alcarreño-aragonés había solicitado).

A esto habría que sumar los conocimientos en química que tenía el secretario real para combinar y hacer sofisticados perfumes y «pócimas milagrosas», que en realidad resultaban ser ponzoñas.

El último intento de eliminar al *Verdinegro* (apodo de Juan de Escobedo) tuvo lugar un mes después, el 31 de marzo de 1578, cuando regresaba a su casa de una cita con una cortesana cuyo marido estaba destinado en Milán. Confiado, se encontró con una emboscada de la que no logró zafarse y una mortal estocada acabó con su vida.

Según las investigaciones posteriores los asesinos fueron Juan Rubio, Miguel Bosque y un tal Insausti. El primero desapareció de Madrid y dicen que se refugió en Alcalá de Henares; Insausti acudió a casa de Juan de Mesa, un aragonés encargado de pagarle su trabajo, y Miguel Bosque se escondió en casa de su hermanastro Antonio Enríquez, curiosamente escolta de Antonio Pérez.

Poco tiempo después, con Flandes nuevamente en peligro, don Juan de Austria muere a los treinta y tres años. Con su fallecimiento llega a la corte toda la documentación donde teóricamente estaría plasmada la conjura contra el rey. Sin embargo Felipe II no encontró nada que avalara el presunto plan.

Entonces Antonio Pérez cayó en desgracia como responsable de haber comunicado al rey las supuestas amenazas que se cernían sobre la Corona. No se le acusó del asesinato de Escobedo, pero sí de corrupción y venta de información, lo que le llevó a ser procesado. Surgió entonces la sospecha, ¿habría más personas implicadas a quienes no conviniese abrir el caso?

Es posible que quien estuviese al tanto de la verdad fuese otro personaje, el clérigo Pedro de la Hera. Cuando el juicio se celebró en presencia de la familia de Escobedo, alegaron que este sería capaz de implicar a Antonio Pérez en la muerte de Escobedo.

De la Hera era un individuo misterioso, experto en artes adivinatorias y reputado astrólogo. Recibía en Madrid las visitas de los más variados personajes. Su supuesto poder profético fue una baza con la que jugó siempre, pero en realidad era confidente de los muchos secretos de sus clientes, entre los cuales se encontraban tanto Pérez como Escobedo y otro curioso funcionario Mateo Vázquez.

El recién llegado se sumó a la defensa de los Escobedo, seguramente gracias a la información confidencial del astrólogo, quien dijo que la muerte de Juan Escobedo había sido instigada por un gran amigo suyo que quería vengarse por problemas amorosos.

Se desconoce la veracidad del testimonio de Pedro de la Hera que, por cierto, no tuvo muy buen fin, murió envenenado también. Su extraño fallecimiento condujo de nuevo a los tribunales a Antonio Pérez en el año 1591, acusado por unos criados de ser el responsable, aunque dos testimonios nuevos de otros individuos sembraron dudas, al afirmar que ellos también habían bebido el agua supuestamente mortal sin sufrir daño alguno.

Los agentes judiciales les acorralaron con nuevas pesquisas, y terminaron demostrando que habían sido manipulados para ser simples herramientas en busca de la absolución de Pérez. Finalmente fueron condenados a galeras por levantar falso testimonio, y la muerte del astrólogo fue de nuevo imputada a Antonio Pérez.

La situación como vemos se puso cada vez más tensa y los sucesivos juicios le condenaron a diferentes penas, desde arrestos domiciliarios a ser encerrado en diversos castillos tras padecer torturas (cosa nada extraordinaria en el siglo XVI). Tras varias intentonas, en el año 1590 consiguió escapar de la justicia definitivamente disfrazado de mujer, refugiándose en Aragón donde se amparaba en el vacío legal que suponían los antiguos fueros ante los que Felipe II tuvo siempre una postura ambigua.

No obstante, el rey tomó cartas en el asunto e hizo todo lo posible para apresar a su antiguo secretario, recurriendo a instituciones judiciales aragonesas. Al final tuvo que implicar a la Inquisición como instrumento político para ponerle sitio.

El polémico caso del secretario superó las fronteras llegando a Francia, donde su reina, Catalina de Médicis, no dudó en ofrecer asilo al que desde entonces sería una de sus mejores herramientas políticas. Al año siguiente, 1592, Antonio Pérez publicó en París *El Anti-Español*. Acaba de nacer la Leyenda Negra en su sentido más estricto.

Ana de Mendoza y de la Cerda, princesa de Éboli, parte importante en la gestación de la Leyenda Negra.

Capítulo VIII

MITO Y REALIDAD DE LA LEYENDA NEGRA

Como hemos visto en el capítulo anterior, la mala imagen de España en el exterior comienza a forjarse en plena Edad Media, pero no fue hasta el siglo XVI cuando verdaderamente tomó forma, pasando de los simples tópicos y rumores a las publicaciones, que en muchos casos sentaron cátedra y consagraron verdaderamente una imagen nefasta, tanto de España como de sus habitantes.

La amplia diversidad de lo español impide que pueda describirse de una forma global. Geográficamente la península ibérica presenta grandes contrastes, por ejemplo, la zona norteña no tiene nada que ver con Andalucía o el clima del Levante con el de Galicia. Esto determina la existencia de muy diversos usos y costumbres. Las características de la Meseta central son inevitablemente diferentes a las de los dos archipiélagos, lógicamente son paisajes diferentes. En definitiva, encontramos gentes distintas cuando pasamos de una región a otra. Es imposible generalizar, el análisis es arduo y complicado, sin por supuesto caer nunca en tópicos u otros matices que al fin y al cabo son posteriores a esta época.

Afortunadamente el desarrollo de los siglos XIX y XX nos ha permitido mejorar las comunicaciones y crear una mayor homogeneidad entre la población, pero cuanto más nos alejamos en el tiempo más se acentúan las diferencias. Por tanto describir a «todos los españoles» en el siglo XVI y XVII con un solo adjetivo es una imprudencia. Por ello mismo nos centraremos en las falsedades vertidas sobre ciertos episodios de la historia de España, dejando al margen los comentarios sobre los españoles porque, además de no ser ciertos, no son significativos para este estudio.

Tanto a favor como en contra, la cultura y la información han supuesto armas de poder. Si durante el Medievo europeo la primera estuvo limitada a monasterios, la segunda experimentó una importante evolución a mediados del siglo XV cuando Johannes Gutenberg inventó la imprenta de tipos móviles.

La imprenta en realidad ya existía pero lo costoso del tallado de las planchas de madera y su poca duración encarecía el precio de los libros que estaban restringidos a un público reducido. Gutenberg tuvo la genial idea (aunque los chinos también la conocían) de componer los textos con pequeñas piezas de plomo (los tipos móviles), en vez de tallar la página entera en una sola plancha de madera. Este invento no supuso una reducción en el precio de los libros, puesto que el alemán y sus socios se aprovecharon vendiendo los ejemplares al mismo coste que los que se hacían por xilografía (tallado en madera). Pero si es cierto que abrió infinitas posibilidades a la edición en serie, extendiéndose el uso de los libros y publicaciones por toda Europa. Los libros por tanto pronto se convirtieron en otro campo de batalla para librar las guerras publicitarias entre diferentes países. Es lo que se llamó la «Guerra de Papel».

Las matanzas en América

El presunto trato cruel y sanguinario que los españoles emplearon en la conquista de América fue uno de los pilares sobre los que se construyó la Leyenda Negra.

Las primeras acusaciones que se tienen al respecto surgieron en la propia España, mencionadas en el libro *Brevísima relación de la destrucción de las Indias* del padre dominico Fray Bartolomé de las Casas, publicado en Sevilla en 1552.

El libro fue escrito unos cuantos años antes de su publicación, describiendo únicamente los cuarenta y nueve años posteriores al descubrimiento de América. Este era un territorio que el dominico conocía en primera persona gracias a sus numerosos viajes por el nuevo continente.

El libro por tanto fue un testimonio directo dirigido al príncipe Felipe II donde se denunciaba cómo los indefensos indios fueron miserablemente machacados por los despóticos españoles quienes los explotaban en sus encomiendas llegando a exterminar a aquellos «buenos salvajes» por simple entretenimiento o por puro sadismo.

La Brevísima ... no tardó en difundirse por Europa. Entre los años 1578 y 1583 en la ciudad de Amberes ya circulaban ejemplares traducidos al francés, holandés e inglés.

Por otra parte, en Frankfurt se publicó otra edición en 1598 llevada a cabo por el grabador, impresor y librero Théodore De Bry, quien incluyó una serie de ilustraciones tan impactantes que salieron a la luz independientemente del libro. La obra era tan espectacular que fueron solicitados sus servicios desde Inglaterra, donde la obra de este autor fue impulsada hacia el éxito. Hubo una reedición tardía en 1656 llamada *Las lagrimas de los indios*.

La reedición del libro de Fray Bartolomé de las Casas con otros títulos se prolongó hasta el año 1898 en Nueva York, donde se publicó como *Histórica y verdadera narración de la cruel masacre y matanza de los veinte millones de personas en las indias occidentales*.

Gracias a una pertinaz insistencia, el tema de la masacre americana se convirtió en una constante para los críticos con España, y por extensión hacia los españoles, cuyo carácter resultaba al parecer demasiado proclive al exterminio de los débiles. Como si los críticos hubieran sido unos angelitos, ¡vaya!, por ejemplo con los nativos norteamericanos (véase la película *Pequeño Gran Hombre*).

Dos crudas ilustraciones hechas por el grabador Théodore De Bry para el libro *Brevísima relación de la destrucción de las Indias*, del dominico Fray Bartolomé de las Casas.

El problema con Flandes y los protestantes

Desde tiempos del Emperador, Flandes se había convertido en un problema político. De hecho el propio Carlos I (que era flamenco de nacimiento) intentó deshacerse de estos territorios incluyéndolos en las dotes de boda de sus hijas. Pero no hubo suerte, y Flandes siguió siendo territorio español.

La falta de consenso entre los numerosos territorios que componían los Países Bajos fue el primer aprieto político-administrativo-religioso al que se enfrentó la muy católica España, sobre todo porque allí estaba extendido el protestantismo. Si hasta entonces las complicaciones se limitaban a pugnas entre las casas nobiliarias, ahora se añadía la no menos espinosa cuestión de la fe, siempre generadora de las mayores y vehementes controversias.

La precocidad de este conflicto fue una de las razones más poderosas para que justamente allí se iniciara la publicación de obras antihispánicas.

De entre las primeras, la más conocida fue un folleto llamado *De la no cristiana y tiránica Inquisición que persigue la Fe en los Países Bajos*, editado en el año 1558.

Paulatinamente, la cohesión que no habían acertado a conseguir los diferentes gobernadores españoles en Flandes se fue convirtiendo en una alianza entre las casas nobiliarias contra España.

De este modo, en 1565 se formó la *Asamblea de Nobles*, en la que destacaba Guillermo, príncipe de Orange. Como heredero directo de las poderosas casas nobiliarias de los Nassau y los Châlon, se perfiló como uno de los claros candidatos para liderar el movimiento independentista flamenco. No le faltaban aptitudes gracias a su carisma y gran ambición para medrar entre la nobleza. Por su callado y misterioso comportamiento le pusieron el sobrenombre de «El Taciturno».

La tensión que se iba acumulando terminó por estallar en 1568, cuando el nuevo gobernador Fernando Álvarez de Toledo (Duque de Alba) cometió un funesto error al intentar sofocar las revueltas ejecutando públicamente a los condes de Egmont y de Horn. La gran popularidad de estos notables no hizo sino echar más leña al fuego desencadenando la guerra abierta.

En medio de aquella tensión se distribuyeron por la ciudad de Amberes folletos y pasquines contra España (recordemos cómo a partir del año 1578 se editaron las diferentes versiones de la obra de Fray Bartolomé de las Casas), pero sobre todo publicaciones centradas en la defensa a ultranza de la figura de Guillermo de Orange.

Declarada la guerra, este se había puesto el frente, así que Felipe II le acusó de traición. En su defensa, en el año 1581 surgió un nuevo folleto *La apología del príncipe d´Orange* escrito por Pierre L´Oyseleur, señor de Villers, quien reprochaba la presunta ferocidad de los españoles, que estaban dirigidos por una nobleza corrompida por sus antepasados judíos. En esta misma publicación empezó también a gestarse otro punto fundamental de la Leyenda Negra, la truculenta imagen de Felipe II.

Las acusaciones principales eran: haber asesinado a su propio hijo el infante don Carlos y posteriormente haber envenenado a su mujer la reina Isabel de Valois.

Por lo morboso del asunto, la supuesta muerte de aquel a manos de su padre fue un recurso constante para sus enemigos. Sin ir más lejos en Amsterdam en el año 1673, César Vichard, abad de Saint-Réal, publicó su libro *Don Carlos novela histórica*, que a pesar de su «historicidad» sirvió de base a los críticos.

Asimismo Alemania se posicionó contra España, invocando la enérgica defensa que España hacía del catolicismo. Esto hizo que los protestantes viesen en España como el brazo armado del papado.

Poco después, en 1550 se alzaron voces discrepantes con el papel que desempeñó la Inquisición en Alemania. Pero sin duda el libro que más impacto causó fue *Exposición de algunas mañas de la Santa Inquisición Española*, escrito por Reginaldus Gonzalus Montanus, que en realidad no era más que el pseudónimo de Antonio del Corro, un monje español partidario del protestantismo refugiado en Franckfurt.

Este libro posiblemente fue el que más difundió la imagen sórdida de la Inquisición Española, a la que se le acusaba, no de ser cruel (porque cruel eran todas las Inquisiciones y tribunales de otros países), sino de ser la más feroz de todas. Su amplia difusión se debió a que en poco tiempo había sido traducido al inglés, holandés, alemán, francés, o incluso al húngaro.

Del mismo modo en Franckfurt se puso en circulación *La Brevísima...*, que tal y como decíamos antes, vino acompañada de ilustraciones realmente llamativas.

El Demonio del mediodía y la Reina virgen

Al mismo tiempo que la primera esposa del que llamaron los protestantes «Demonio del mediodía», María Tudor, era destronada por Isabel I de Inglaterra, la «Reina virgen», españoles y británicos vivieron lo que se podría considerar como una especie de guerra fría. No hubo enfrentamientos directos, pero si se apoyó a los «enemigos del enemigo». En una situación como esta, la campaña publicitaria anti-española incentivada por los ingleses jugó un papel determinante.

Una de las contribuciones notables fue la del escritor John Foxe, que en el año 1554 publicó su libro *Book of Martyrs*, que no estaba dedicado directamente a España, sino más bien a las nefastas consecuencias del fanatismo religioso. Pero obviamente la Inquisición española fue una de las instituciones protagonistas del libro. Las intenciones de Foxe no eran necesariamente anti-hispánicas, más bien anti-católicas.

Reeditado en 1563 y en 1571 el libro adquirió un volumen considerable, lo que no impidió su gran difusión, tras un decreto que le ponía a disposición de cualquiera en todas las catedrales anglicanas.

María Tudor, **primera esposa de Felipe II, óleo de Antonio Moro, 1554.**

No deja de ser curioso como las reediciones se prolongaron interminablemente, llegando incluso al siglo XIX, en el que se siguió haciendo hincapié en la Inquisición española. Se rumoreaba que los soldados napoleónicos quedaron horrorizados ante unas complejas y despiadadas máquinas de tortura.

Además de su propia campaña, Inglaterra recibía publicaciones desde Flandes, como la famosa *Brevísima...*, que se publicó en inglés en 1583 causando gran conmoción.

Aunque no sería esta la última publicación anti-española que llegaría allí. En 1593 el polémico y controvertido secretario de Felipe II, Antonio Pérez, fue acogido por el gobierno inglés desde su exilio en Francia, y dada la suculenta información privilegiada con la que contaba, se le recibió con los brazos abiertos. Así que se sumó a la operación de desprestigio en la que participó activamente bajo el pseudónimo Rafael Peregrino, con el que redactó sus *Relaciones,* donde de forma difamatoria se ensaña con la figura del rey español. Aunque no fue la única información sensible que Pérez proporcionó a Inglaterra.

El caso de Francia

Desde tiempos de los reyes Católicos Francia era el más claro adversario de España. El comprensible miedo a un aislamiento geopolítico de los francos les llevó a adoptar una postura ambigua con sus países vecinos. Así que como candidata a suceder a España en el panorama mundial, mostró un lógico interés en la propagación de la Leyenda Negra.

La reina Catalina de Médicis lo confirmó cuando admitió de buen grado la llegada de Antonio Pérez, patrocinando así su libro anti español. De igual modo y dada su proximidad, también triunfaron allí las publicaciones editadas en Flandes.

La característica principal de esta peculiaridad fue su extensión en el tiempo. De tal modo fue que los vestigios de la Leyenda Negra se hicieron aún visibles durante la Ilustración. Figuras como Montesquieu se vieron notablemente influenciadas por la obra de Fray Bartolomé de las Casas, cosa que se deduce de su comentario: «*Con tal de conservar las colonias hizo (España) lo que ni el mismo despotismo hace, destruyó habitantes para asegurar el suelo*». El pensador llegó a sentir tal antipatía por España que llegó a opinar que el mérito de *El Quijote* residía en reírse de los españoles. En esa misma línea se mostraron otras figuras insignes como el enciclopedista Masson de Morviliers, quien se preguntaba «*¿qué se debe a España?*».

Montesquieu.

Lo lamentable de tan desmesurada crítica fue que no se limitase a enjuiciar a un mal gobierno o una figura tiránica, sino que gracias a detractores como Jean Chapelain, la Leyenda Negra llegó al conjunto de la población con agotadoras generalizaciones de este calibre: «*Los españoles no gustaban de las letras y era milagroso que de entre mil de ellos saliese uno que fuese sabio*». Opiniones que se reforzaban gracias a la moda de viajar a España, de la que se contaban las cosas más estrambóticas que uno pueda imaginar.

Como ejemplo tenemos un extracto del viaje de Teófilo Gautier al Monasterio de El Escorial:

«(...) *Poca gente vuelve de El Escorial, mueren de tuberculosis en dos o tres días y si por casualidad son ingleses se les levanta la tapa de los sesos. Afortunadamente tenemos fuerte constitución*».

A Romantic in Spain (*Un voyage en Spagne*).
Nueva York. Knopf. Trad. Catherine Alison Phillips. Pág. 109.

En Francia también se explotó la leyenda del infante don Carlos. Paulatinamente se fue trasladando a novelas y obras de teatro que con la llegada del romanticismo tendieron a exaltar algunas figuras patrias como por ejemplo la reina Isabel de Valois. Según la leyenda habría sido envenenada por Felipe II. Una gran mentira, puesto que fue su esposa más amada.

Aclaraciones a la Leyenda Negra

América. El Descubrimiento fue un episodio sin precedentes en la historia, ante el que quizás ni indígenas ni españoles estaban preparados. Evidentemente se aprendió a asimilar el contacto a base de errores. Porque es innegable que desde nuestra óptica del siglo XXI, los recién llegados no trataron de la mejor forma a los nativos, sencillamente se comportaron con ellos como con cualquier plebeyo patrio.

Por iniciativa de Isabel la Católica, todos los indígenas fueron considerados españoles, con sus obligaciones y derechos. La única desventaja con la que contaban los indios respecto a los de ultramar es que no conocían el cristianismo y su alma por tanto estaba en pecado. Aquello se terminó convirtiendo en una ventaja, porque la Inquisición en América se mostró menos beligerante e incluso comprensiva con el desconocimiento de aquellas gentes.

Aun así, siempre existía la posibilidad de que hubiera desmanes y abusos con la población por parte de las autoridades, para lo que se estableció desde el inicio de la llegada a América el *Juicio de Residencia*. Se trataba de un procedimiento legal dentro del derecho castellano, que obligaba a rendir cuentas a todas las autoridades del Nuevo Mundo, desde el virrey al más simple alguacil, ante un tribunal que juzgaba su labor allí. De hecho este juicio era condición sine qua non para poder nombrar sucesor en el puesto. Posteriormente se fueron estableciendo leyes concretas en el nuevo continente a partir de las quejas expuestas por Fray Bartolomé de las Casas.

Considerado por muchos como un precedente de la declaración de derechos humanos, el autor de la *Brevísima...* parecía tener una intención loable, pero desafortunadamente a la hora de exponer sus protestas no empleó las formas más adecuadas.

En primer lugar, el libro estaba dirigido al príncipe Felipe, que seguramente no tenía ni tiempo ni las ganas suficientes como para prestar atención a las quejas que llegaban. Quizás por este motivo, el dominico recurrió a la infalible técnica de exagerar datos y generalizar u olvidar ciertos «detalles», haciendo en definitiva una obra sensacionalista destinada a alarmarle buscando su atención. Esto aclara las grandes lagunas de datos que tiene, sobre todo en los nombres de los culpables de esas presuntas barbaries. Sería el caso de Hernán Cortés, a quien ni siquiera menciona cuando habla de la conquista de México.

En busca de un mayor dramatismo, Fray Bartolomé también idealizó a los nativos exagerando su pacifismo, cosa que no era del todo cierta (pese a que el enfrentamiento era evidentemente desigual).

Los españoles se aprovecharon en buena medida de los conflictos ya existentes entre los propios indígenas. El ejemplo más claro es el del conquistador de México, que lo consiguió con la ayuda del imprescindible apoyo de los tlaxcaltecos y otros pueblos que eran enemigos de los aztecas.

Fray Bartolomé de las Casas.

De todos modos quizás el punto fundamental en el que hace aguas la *Brevísima...* es en la cifra de indígenas asesinados. Porque es cierto que la llegada del hombre blanco a América causó una catástrofe demográfica, pero no todas las muertes, como opina de las Casas, fueron debidas a las armas, sino que en buena medida se trató de enfermedades a las que nunca se habían enfrentado los indios, como también sucedió al contrario (la sífilis por ejemplo era desconocida en Europa).

El fraile cayó también en graves fallos documentales, como se aprecia en su descripción de la isla de La Española (actual Haití y República Dominicana), de la que afirmó contaba con más de tres millones de habitantes, cuando en realidad no llegaba a doce mil personas. Con la misma desproporción se refirió a las matanzas, elevando la cifra a un total de más de veinticinco millones de indios asesinados por los españoles en los primeros cuarenta y nueve años de presencia en América. Eso es sencillamente imposible porque no había tanta gente.

Reiteramos que este sensacionalismo solo pretendía eso, alarmar al príncipe para procurar nuevas formas de actuación en el Nuevo Mundo que de hecho se consiguieron con las *«Nuevas Leyes de Indias para el buen trato y protección de los indios»*. No obstante, su alarmismo fue desmedido, como denunciaron otros misioneros que como él se encontraban en América, como Fray Toribio de Benavente. La extrema austeridad de este último le valió el sobrenombre nahualt de «Motolina» que quiere decir algo así como «el pobrecillo», «el que da lástima». Fray Motolina, como fue conocido desde entonces, hablaba así de Fray Bartolomé:

> «(...) Un hombre tan pesado, inquieto, e inoportuno, y bullicioso y pleitista en hábito de religión, tan desosegado, tan mal criado y tan injuriador y perjudicial y tan sin reposo».

Por lo tanto América se convirtió en una provincia más de España y sus gentes fueron tratadas acorde con el trato típico de aquel tiempo. Empezó con un sistema casi feudal y continuó con espíritu renacentista. De esta forma la fiebre por el oro y la plata del nuevo continente se compaginó con el fomento de los derechos, la cultura y las artes en la misma medida en la que se hizo en España. Queda claro que en ningún caso el comportamiento de los españoles fue más negativo que el de cualquier otro europeo del siglo XV.

Flandes. La campaña publicitaria flamenca estaba fundamentada en la misma política española. Sus desastrosas decisiones llevaron a aquellas repetidas sublevaciones militares. Ya sabemos que el caso más bochornoso fue protagonizado por el duque de Alba, que pensó que por la fuerza resolvería problemas y no hizo más que complicarlo todo. A esto hay que añadir que Flandes contó en multitud de ocasiones con el incondicional apoyo de las potencias enemigas de España.

Sin ir más lejos, cuando Guillermo de Orange se proclamo líder, era muy consciente de que sus decisiones le otorgarían o quitarían el favor de según qué países, por ello mismo se convirtió al protestantismo ganando así el apoyo de Alemania.

No fue su único refuerzo, contó con la financiación inglesa o el apoyo intermitente de Francia, que hicieron que un pequeño territorio como eran los Países Bajos fuera ingobernable desde España. De todos modos, volviendo a la cuestión de las publicaciones críticas, la mayor parte se publicó en torno a 1560, una fecha íntimamente ligada con la problemática religiosa. El protestantismo fue la bandera del bando flamenco y la principal herejía para el español.

¿Pero por qué en ese momento y no otro? La teoría más convincente une aquellas protestas a los autos de fe que se celebraron entre 1558 y 1560 en Valladolid y Sevilla.

Con estas ejecuciones se pretendió erradicar focos protestantes que habían surgido en España. Su calificación como herejes hizo que fueran vejados socialmente. Condenarles les convertía prácticamente en parias.

El caso más evidente fue el de Antonio del Corro, que fue perseguido por sus ideas protestantes y terminó refugiándose en Franckfurt, desde donde publicó folletos contra la Inquisición española (recordemos que otros países también tenían esta institución de la que el propio Felipe II se quejaba por ser «*más despiadada que la de aquí*»).

A partir de entonces aparecen las publicaciones, consistentes en folletos llamativos, sencillos y directos dirigidos al pueblo llano, cuya opinión era indispensable para formar un estado de opinión concreto. Resulta irónico el hecho de que las protestas contra la Inquisición, se centrasen en la muerte de protestantes, olvidando a judíos y demás víctimas igualmente inocentes. El mismo Guillermo de Orange consideraba el judaísmo algo nocivo y perjudicial.

La otra oleada de publicaciones tuvo lugar en la década de 1580, cuando se tomó como lema principal la masacre de los españoles en América, basada en las cifras aportadas por Fray Bartolomé de las Casas que no solo fueron tenidas por ciertas, sino que por ser español se reforzó su verosimilitud.

De esta forma, los responsables de la Leyenda Negra consiguieron aterrorizar a la gente ante no solo la Inquisición, sino todos los españoles en general. Y por si fuera poco, con la *Apología del príncipe d´Orange* se consiguió que el rey tampoco escapase al estrago mediático de su imagen, que fue visto con tintes déspotas y tiránicos.

Con una elaborada campaña que llamaríamos de «contra-publicidad» los Países Bajos consiguieron abrir un frente difamatorio en contra de cada uno de los tres elementos claves de la primera potencia mundial: sus dirigentes, sus organizaciones y su pueblo.

Inglaterra. A finales del siglo XVI, Flandes era un problema e Inglaterra un enemigo. Como tal, mantuvo tensas relaciones diplomáticas con España. Felipe II buscaba la forma de anexionarse aquellos territorios, al mismo que ellos se hacían eco de la campaña de desprestigio hacia España.

La crueldad inquisitorial con los protestantes fue duramente criticada, mientras allí se daba caza a los católicos con un fanatismo religioso similar. Por citar un dato, entre 1558 y 1603 se ejecutaron ciento treinta sacerdotes católicos, además de otros sesenta civiles (sin contar las muertes en prisión).

Aunque les pesase, la situación política inglesa era ilegal. Isabel I no era la heredera directa del trono de Enrique VIII, puesto que le correspondía a María Estuardo, que al ser considerada líder de la oposición fue llamada *Bloody Mary* (cuando todavía no existían los cócteles). Y desde el punto de vista religioso tampoco estaban en mejor posición. El Vaticano consideraba que el anglicanismo era una herejía, y por tanto toda acción empleada contra ellos podía contar con el beneplácito papal.

Ante la situación, Inglaterra hizo acopio de todos los folletos que llegasen de Flandes, así como de información privilegiada ofrecida por Antonio Pérez que, pese a no ser muy bien visto en Inglaterra (Shakespeare le consideraba un vanidoso), instigaba suculentas maniobras militares como por ejemplo atacar Cádiz, como lo hizo Howard en 1596 dando un golpe logístico al proyecto de la «Armada Invencible».

Incluso nuestro vocabulario se vio influenciado por la versión inglesa de la Leyenda Negra, puesto que la mítica flota en realidad nunca se llamó así, sino que todos los españoles la conocieron como la «Gran Armada» o la »*Gran Empresa de Inglaterra*». Pero al apelli-

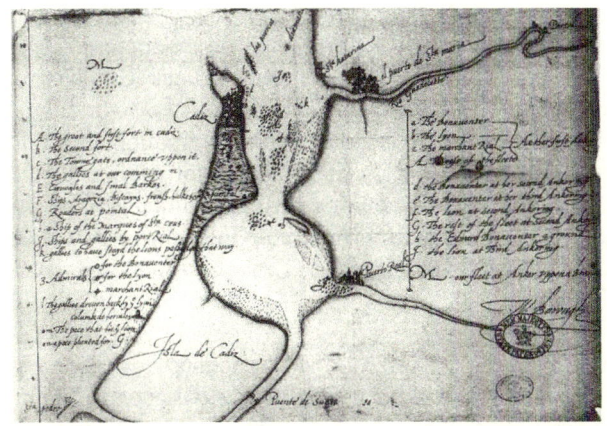

Mapa de un ataque de Francis Drake a la bahía de Cádiz, donde consiguió hundir buen número de buques.

darla «Invencible», la derrota española ensalzó y realzó la victoria inglesa (que como sabemos no fue tan inglesa sino meteorológica).

Los sofisticados métodos de manipulación empleados en dicha campaña publicitaria consiguieron una propaganda tan sutil como efectiva. El ejemplo perfecto lo tenemos en América.

Mientras se criticaba la horrible actitud de los españoles, los corsarios ingleses se dedicaron a azuzar en contra a los indígenas con los que los españoles no habían establecido trato. Buena muestra de ello nos la ofrece Pedro Sarmiento de Gamboa, que en su viaje al estrecho de Magallanes observó que la actitud belicosa de los indígenas de la Patagonia respondía a un hostigamiento previo instigado por Francis Drake.

Al contrario que Flandes, Inglaterra evitó el enfrentamiento directo, pero supo mantenerse al tanto a la hora de apoyar a los enemigos de España. Primero financiando a Flandes y a continuación tratando por todos los medios de evitar la fusión hispano-lusa.

Desde que en 1580 el trono de Portugal había quedado vacante, Felipe II era el más claro aspirante, que no solo conseguiría anexionar a sus territorios el país vecino, sino que además lograría la totalidad de América e incluso las colonias que se extendían hasta la India y Etiopía.

Lógicamente, el resto de potencias europeas hicieron lo posible por evitar tal unión. Y la mejor herramienta fue Antonio Crato, un hijo bastardo del último rey de Portugal, que realmente no tenía muchas posibilidades de ser coronado rey, pero sirvió de instrumento ideal para dificultar las pretensiones de Felipe II desde Francia e Inglaterra. Don Antonio contaba a su favor con las clases humildes y su oponente con la aristocracia. Como era de esperar..., ganó el español, haciendo que el rival buscase el refugio inglés, desde donde también coqueteó con el gobierno de Francia. No deja de ser curioso que en torno a 1581 coincidiesen la llegada de don Antonio a Inglaterra, el auge de las publicaciones flamencas, los ataques de Drake en América y la participación de Francia.

Francia. Como segunda potencia mundial y enemiga abierta de España, Francia no se inhibió a la hora de propagar la Leyenda Negra. En 1580, aprovechando el altercado que se había producido con don Antonio el portugués, la reina francesa Catalina de Medicis orquestó una conjura para atacar a España. Sin embargo el servicio de espionaje de Felipe II dio al traste con la operación.

Las alianzas políticas de los franceses para enfrentarse a España llegaron más allá de Europa cuando se mantuvieron tratos con los turcos que saqueaban habitualmente las costas levantina e italiana.

El factor fundamental de la versión francesa fue la presencia de Antonio Pérez, (quien por cierto, cuando sus clientes dejaron de necesitarlo, terminó empobreciéndose y muriendo en París). Aunque lo más llamativo de esta modalidad fue lo contradictorio de sus fundamentos.

Montesquieu por ejemplo, negaba que en España hubiese cualquier indicio intelectual, y sin embargo parte de sus teorías habían aparecido con más de un siglo de adelanto en la obra del médico español Juan de Huarte.

Por seguir con más contradicciones podemos citar el caso de Jacques de Arago, quien en su libro de viajes dijo de España (como otros tantos viajeros), que era «*triste, decrépita, corrompida y envilecida*», opinión perfectamente respetable, si no llega a ser porque todo lo que conocía el escritor era lo que vio sin bajarse de su barco atracado en Barcelona.

Capítulo IX

MISTERIOS Y BIOGRAFÍAS

El conde de Villamediana

Dentro de la literatura del Siglo de Oro pocos personajes han sido tan controvertidos como Juan de Tassis y Peralta, más conocido como el conde de Villamediana. Su desenfadada y azarosa vida, así como su ingenio para las letras y otras muchas artes y destrezas le valieron un puesto destacado entre las figuras más representativas de su época. Consiguió ganarse un número parecido de seguidores y detractores radicalizados.

Los Tassis fueron una familia que desde antaño se había encargado de tareas diplomáticas y labores del correo de los Austrias. A menudo este oficio proporcionaba importantes sumas de dinero con lo que no tardaron en convertirse en una de las familias más acaudaladas de Europa.

Sin embargo, y pese a tener cierto prestigio social, carecían de un título nobiliario, que se encargaría de conseguir Juan de Tassis y Acuña, primer conde de Villamediana y padre de nuestro protagonista, que en su aventurera vida participó en numerosos duelos y tuvo algún que otro hijo bastardo. Todo ello, junto la afición a los caballos, fue inculcado a su único hijo Juan de Tassis y Peralta, que tuvo con María Peralta y Muñatones.

El niño nació en 1582, cuando la familia se encontraba en un viaje diplomático a Portugal conmemorando el coronamiento de Felipe II como rey. Pronto regresaron a Madrid, desde donde se trasladaron a Valladolid.

Como familia adinerada que era, procuraron al niño una exquisita educación, impartida por profesores particulares, aunque también se sospecha que pudo haber estado algún tiempo estudiando en la universidad de Alcalá de Henares.

Con veintitrés años, el joven Juan llevaba una vida alocada propia de los estudiantes de su época, llegando incluso a mantener una turbulenta relación de amor-odio con una viuda mayor que él. Pero en 1604 y para afianzar las relaciones familiares, se casó con Ana de Mendoza y de la Cerda con quien seguramente los Tassis conseguirían su añorado título gracias a sus orígenes nobles, aunque este le terminó llegando por otra vía. Y es que en agradecimiento por su labor diplomática para conseguir la paz con Londres, Felipe III le nombró primer conde de Villamediana. Su hijo por tanto heredaría a su muerte un título nobiliario y… nada más, porque antes de morir su padre, había dilapidado toda su fortuna dejando a su descendiente noble pero en la miseria.

Don Juan sin embargo no pareció angustiarse. Con su recién estrenado título pudo acercarse a los poderosos y asistir a las lujosas fiestas, donde se percató de la afición desmedida de varios nobles e incluso el propio Felipe III a los juegos de naipes. El joven conde no perdió la oportunidad y su situación económica comenzó a mejorar al tiempo que su destreza con las cartas, alcanzando tal fortuna que en 1608 fue expulsado de la corte junto con un tal don Rodrigo de Herrera *«porque el conde había ganado más de treinta mil ducados»*.

En esas mismas fechas el conde de Lemos fue nombrado virrey de Nápoles, y la afición de este por las letras y las artes hizo que antes de embarcar rumbo a Italia creara una «Academia de Ociosos» (algo así como una comisión de intelectuales). La organización de la misma corrió a cargo de Lupercio Leonardo de Argensola, que seleccionó a los hombres más destacados en las letras, y tras descartar figuras de la talla de Cervantes, eligió como miembro al conde de Villamediana. De lo que se deduce que este ya tenía cierta destreza literaria.

En Nápoles don Juan gozó de buena fama y se le consideró un personaje tan ingenioso como divertido. Regresó a España en 1617. Para entonces había dejado de ser un personaje desterrado para convertirse en todo un galán que vistiendo a la moda italiana hacía ostentación de sus joyas, pinturas y demás fortuna, llamando la atención de propios y ajenos en todos los eventos públicos. Así por ejemplo, gran aficionado a los caballos como era, se convirtió en un excelente rejoneador por el que suspiraban todas las damas de la corte.

Pero a su regreso a Madrid, Villamediana también se sorprendió. Ya conocía la corruptela que había en la corte, pero en aquel 1617 se topó con el máximo auge del gobierno fraudulento del duque de Lerma. Fue entonces cuando inició una actividad no muy conocida hasta la época: la sátira política.

Con su buen estilo literario, don Juan criticó a diestro y siniestro, y lo peor fue que sus versos tuvieron tanto éxito que corrieron por la corte como la pólvora. Tan pronto despotricaba contra políticos de la talla de Lerma o de su secretario Rodrigo Calderón, como arremetía contra la Iglesia (así lo hizo con el padre Aliaga). Y cuando no, criticaba a sus rivales taurinos haciendo socarronas metáforas con el tema de los «cuernos». Culminó su obra satírica riéndose de los maridos cornudos de sus amantes, como Pedro Vergel (un alguacil de la plaza mayor) a quien dedicó estos famosos versos:

> *¡Qué galán entró Vergel*
> *con cintillo de diamantes!*
> *Diamantes que fueron antes,*
> *di amantes de su mujer.*

Al mismo tiempo se hicieron famosas sus composiciones amorosas, que engordaron el problema al aumentar el número de sus seguidoras..., y el de maridos engañados.

De todos modos, por su carácter desenfadado tan pronto compuso versos para divinidades del Parnaso, como para simples prostitutas. Y siempre de excelente calidad.

Mientras tanto, en el ámbito político se estaba gestando la conjura de Olivares contra el gobierno de Lerma, con el que fueron cayendo las principales figuras, ejemplificadas por Rodrigo Calderón que como sabemos murió ajusticiado. Al conde de Villamediana, que vivía en el destierro por sus críticas al gobierno, le hizo cierta gracia que sus enemigos cayesen en desgracia, y lo plasmó en nuevos y sarcásticos versos.

En 1621, tras la muerte de Felipe III, ascendió al trono su hijo Felipe IV, con lo que don Juan fue repuesto en la corte y no solo eso, sino que además de recuperar su cargo de Correo Mayor, fue nombrado gentilhombre de la reina, lo cual terminó por ocasionarle su último y gran problema.

Finalizado el luto por la muerte del rey, Madrid se vistió de gala y se celebraron multitud de fiestas y otros eventos. En la plaza mayor se organizaron juegos de cañas y corridas de toros, a las que como era habitual, no podía faltar don Juan de Tassis y Peralta.

Fue entonces cuando dicen las leyendas que el conde apareció en la plaza montado en su corcel. Llevaba la capa adornada con monedas. Este gesto formó parte de la enrevesada retórica barroca heredada de los torneos medievales en los que los caballeros lucían emblemas referentes a sus amores. Hacía así Villamediana un juego de palabras con el dinero aludiendo a que sus amores eran «reales».

Aquello hizo levantar sospechas sobre su recién estrenado cargo, aunque la cosa no pareció ir a mayores hasta un año más tarde. El quince de mayo de 1622, con motivo de la canonización de San Isidro y Santa Teresa, se organizó un certamen literario en los jardines de

Juego de cañas en la Plaza Mayor de Madrid, Juan de la Corte. Museo Municipal, Madrid.

Aranjuez. El cartel no podía ser mejor, entre autores como Lope de Vega aparecía el propio conde, a quien la reina había propuesto escribir una obra de teatro. Este compuso *La gloria de Niquea*, una pieza peculiar donde las haya.

Es posible que, como algunos expertos han deducido, se tratase de una metáfora político-mitológica de la boda de la infanta María y el príncipe Carlos de Inglaterra. Lo que sí es cierto es que se puede considerar como la primera obra de teatro feminista, ya que salvo por la presencia de un enano (Miguel Soplillo) el resto del reparto eran mujeres... Y mujeres de la corte, entre las que se encontraba la hija del Conde Duque de Olivares y la propia reina, que interpretaba el papel de Venus.

Lo sorprendente no acaba aquí. Al volver de Italia, Villamediana había traído a Julio César Fontana, un excelente escenógrafo que organizó una tramoya articulada con la que se simulaban montañas artificiales entre otros muchos efectos. Poco duraron los artificios, ya que en plena representación una antorcha prendió fuego al escenario. Un incendio del que no se sabe si fue fortuito o como dicen las leyendas empezó don Juan, que conocedor de la tramoya, aprovechó el revuelo para rescatar a la reina, concediéndose ambos unos minutos de intimidad...

Sofocado el incidente, las fiestas continuaron en Madrid. Se lidiaron toros y Juan volvió a hacer acto de presencia. Su faena fue tan aclamada que la reina dijo al rey, «*¡Qué bien pica el conde!*» a lo que Felipe IV respondió «*Pica bien, pero demasiado alto*».

Villamediana, que suponía no tenía grandes enemigos (ya que todos habían caído en desgracia), comenzó a recibir amenazas de muerte, y el autor no fue otro que Baltasar de Zúñiga (tío y confesor del Conde Duque de Olivares), que le advirtió del peligro que corría su vida.

Muy poco tiempo después, el 22 de agosto de 1622, sobre las ocho de la tarde, el conde llegó al Alcázar junto con sus criados. Tras una breve estancia y cuando se disponía a marcharse en su carruaje, se encontró con Luis de Haro (sobrino del Conde Duque), al que invitó a acompañarle. Este se mostró reacio (acaso sabría algo). Villamediana insistió hasta que consiguió convencerle, pese a las múltiples tentativas de su interlocutor por zafarse de él.

El carruaje subió por la calle Mayor en dirección a su casa, y a la altura de la calle de los Pellejeros (actualmente Felipe III), un individuo dio orden de parar las caballerías. Acto seguido apareció otro personaje desconocido que asestó una mortal estocada al conde que le atravesó de parte a parte.

Luis de Haro intentó atrapar al asesino que escapaba entre la multitud, pero no lo consiguió pues tropezó con el cadáver del amigo, cayendo de bruces en el charco de sangre. El cadáver fue trasladado a la cercana iglesia de San Ginés, donde entre las pertenencias del finado se encontraron unos versos dedicados a una misteriosa «Francelisa».

¿Quién quería matarle realmente? Tan solo un año después sucedieron acontecimientos un tanto sospechosos. En primer lugar el rey ordenó que se cancelaran las investigaciones. Por otra parte el juez Fernando Fariñas dictó una sentencia acusando al conde de pecado nefando. Un dato curioso, ya que junto con la acusación de judaizante era una de las más difícilmente demostrables. Existe la duda de que si verdaderamente don Juan era homosexual. Si lo era, ¿porque nadie le había acusado antes de ello?

Otro dato significativo fue la «casual» muerte de Baltasar de Zúñiga (que le avisó de su asesinato) tan solo dieciséis días después de la muerte de Villamediana. Y por si fuese poco, los principales acusados fueron Mateo Alonso e Ignacio Méndez (ballestero del rey y guarda bosques del Conde Duque respectivamente). Los dos tenían suficiente

Callejón por el que llevaron el cadáver del recién asesinado Villamediana hasta la iglesia de San Ginés, en la calle Arenal.

destreza como para ejecutar el asesinato. Otro dato significativo es que Ignacio Méndez murió en extrañas circunstancias (quizá envenenado por su esposa). Además, los asesinos actuaron a cara descubierta, es decir, se sabían protegidos ante la justicia.

Se suman a todo este complejo entramado, los versos a la misteriosa «Francelisa». Era de sobra conocido que el conde encriptaba nombres en sus versos, en este caso y tras descartarse posibles damas de la corte, parece cobrar fuerza la hipótesis de una manipulación de las palabras Francesa y Elisa. Las sospechas se dirigieron pues hacia la reina francesa Isabel de Borbón.

¿Quién era realmente aquella mujer?, ¿quién le mató?, ¿por qué se le intentó difamar como homosexual? Son dudas que quedan en el aire sin aún respuesta histórica. Lo que sí es cierto es que no pocos intelectuales clamaron justicia por su muerte, como Góngora con quien le unía una gran amistad y que escribió unos versos aludiendo que en el asesinato de Villamediana el impulso había sido «soberano...».

Años después, cuando se exhumó su cadáver, la sorpresa fue mayúscula al hallarlo incorrupto. La capacidad de crear polémica de este hombre había vencido incluso a la muerte.

El mensaje oculto en *Las Meninas*

Como sucede con tantas otras cosas, las obras pictóricas están sometidas a la mitificación y el apasionamiento de muchos analistas y supuestos expertos que, descontextualizando la obra, proponen sobre ella las más variopintas explicaciones.

En principio el caso de *Las Meninas* no es diferente ya que, por ejemplo, es raro que alguien no considere a este cuadro «la obra maestra» de Velázquez, cuando ni siquiera eso es exactamente así. Sobre todo porque realmente la acuñación ha pasado a la historia con un sentido distinto al original, pues la «obra maestra» era aquella que el joven aspirante a maestro pintor realizaba ante un tribunal. En el caso de Velázquez sería *La adoración de los magos* (que pintó a los 19 años). Pero, incluso así, *Las Meninas* es un cuadro con ciertas peculiaridades.

De esta obra se ha dicho de todo. Se sabe que la pintó en 1656 en un salón de la planta baja del Alcázar de Madrid. Incluso qué cuadros decoraban esta sala, (obras de Jacob Jordaens y copias de Rubens realizadas por el pintor Juan Bautista Martínez del Mazo, yerno de Velázquez). Se ha identificado a cada uno de los personajes que aparecen, incluido el perro, quizá un mastín llamado Capitán.

Veamos: de izquierda a derecha aparece autorretratado primero el pintor luciendo la cruz de la orden de Santiago (que fue pintada a posteriori), seguidamente e inclinada ante la infanta Margarita, se encuentra María Agustina de Sarmiento, que era junto a la otra muchacha Isabel Velasco, dama de honor de la infanta, también llamadas *menina*.

Al fondo, en el dintel de la puerta se encuentra al trasluz José Nieto. Delante están charlando Diego Ruiz de Arcona y la dama de compañía Marcela Ulloa. Finalmente en el extremo se encuentran los bufones Mari Bárbola y Nicolasito Pertusato, que incordia al perro con su pequeño pie.

Sobre lo que está sucediendo en la escena se han escrito ríos de tinta y emitido teorías más o menos especulativas (nunca mejor dicho), porque la mayoría de las hipótesis se basan en juegos ópticos especulares en los que el «espejo» del fondo, en el que aparecen los reyes, tendría su máxima importancia.

En realidad hay que aclarar que dicho espejo en realidad no es tal, por una simple cuestión de lógica. Si los reyes están en un plano delante de Velázquez, la infanta, etc… Sería imposible que se reflejasen con el tamaño que tienen.

Salvo esta puntualización, es cierto que el «espejo» tendría una importancia capital. O al menos así lo planteo Ángel del Campo Francés. Este catedrático en perspectiva e ingeniero de caminos dedujo que algo se escondía detrás de la composición de las figuras. Y es que al unir las cabezas de los personajes del cuadro (incluida la del perro) se encontró con la representación del signo de *Capricornio*. Dejando en su centro las imágenes de Felipe IV y su segunda esposa Mariana de Austria. Pero la disposición de las figuras deparaba aún nuevas sorpresas.

Jacques Lassaigne por su parte había llegado a conclusiones semejantes. Descubrió que uniendo los corazones de Velázquez, María Agustina de Sarmiento, la infanta Margarita, Isabel de Velasco, y José Nieto, se obtenía una representación similar a la constelación de *Corona Borealis*.

Sin embargo y pese a lo que a primera vista pueda parecer, estas teorías no son nada disparatadas y tienen una sólida base. En primer lugar, hay que entender qué sentido tendrían estas dos constelaciones dentro del cuadro, partiendo del momento histórico y de los personajes. Capricornio por ejemplo estaría justificado si hiciese referencia a la reina, (como así lo hace situando en el centro el «espejo» en el que aparece Mariana de Austria), y tendría su razón al ser este el signo zodiacal de la reina, que nació un 23 de diciembre.

A su vez la constelación de *Corona Borealis* tendría su estrella principal sobre el pecho de la infanta Margarita, y precisamente la estrella más brillante de esta constelación también se llama así.

En cualquier caso, no es extraño que Velázquez pintase la constelación. Recordemos que Tiziano (uno de los claros referentes del pin-

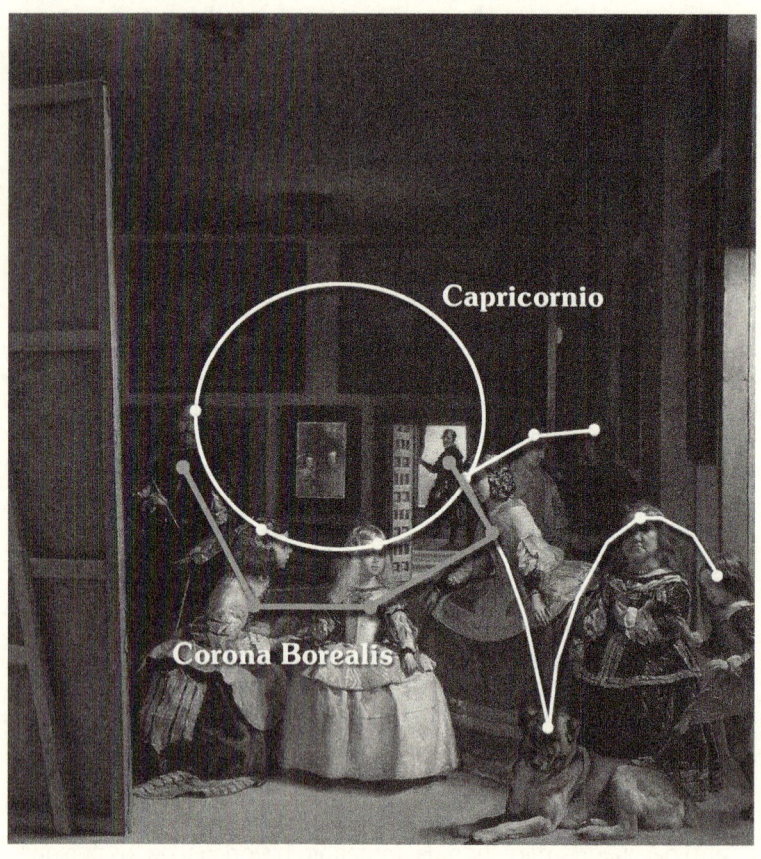

¿Tuvo en cuenta Velázquez su formación astronómica para distribuir los personajes de *Las Meninas*?

tor sevillano) ya pintó este conjunto de estrellas en su cuadro *Ariadna y Baco*, basándose a su vez en el célebre libro *Las Metamorfosis* de Ovidio, que también sirvió de lectura de cabecera a Velázquez e inspiración en su obra mitológica.

Quizás ese punto sea el fundamental para desentrañar el contenido del cuadro, la documentación con la que contaba el pintor. Revisando los libros de los que queda constancia que estuvieron en sus aposentos, nos encontramos nada menos que catorce libros de astronomía y cosmografía, entre los que se encuentran autores como Jerónimo de Chaves, famoso autor de *Chronographía o repertorio de tiempos*. En él se habla tanto de los reyes de España como de las influencias zodiacales sobre estos.

Asimismo el pintor tenía otros nueve volúmenes dedicados a la astrología entre los que se encontraban *Isagogica astrologiae*, de Juan Taisner y *La Suma astrológica*, de Antonio de Nájera, en el que se trata la forma de hacer predicciones a través de las estrellas. Si sumamos a esto los cinco telescopios con los que contó el pintor, creo que es evidente que al menos era aficionado al mundo de los astros.

Desconocemos sus pretensiones con respecto al cuadro..., pero quizás tuvo su importancia un detalle que suele pasar desapercibido a muchos historiadores. El doce de agosto del año 1656 (año en que se pintó el cuadro) la reina Mariana de Austria dio a luz a una niña que murió a los pocos días.

Teniendo en cuenta que aún no había un heredero varón al trono, no es de extrañar que toda la corte esperase de aquel embarazo un niño, como demuestran las profecías que se hicieron al respecto. En tal caso, cabría preguntarse..., ¿hizo también Velázquez su aportación a aquellos vaticinios de la mejor forma que sabía..., osea pintando?

Pedro Páez Xaramillo

El escocés James Bruce llegó oficialmente al nacimiento del Nilo Azul en 1770. Un lugar que desde la antigüedad se consideraba mítico y al que ni Alejandro Magno, ni Julio César habían logrado llegar. Pero Bruce cometió dos errores, el primero autoproclamarse descubridor del lugar, y el segundo intentar obviar que conocía la historia del verdadero adelantado.

Pedro Páez Xaramillo nació en un humilde pueblo de Madrid que hasta la década de 1970 se había llamado la Olmeda de las cebollas, pero que por cuestiones estéticas se le cambió el apellido por Olmeda de las fuentes. Para entonces, nadie recordaba la historia de Pedro

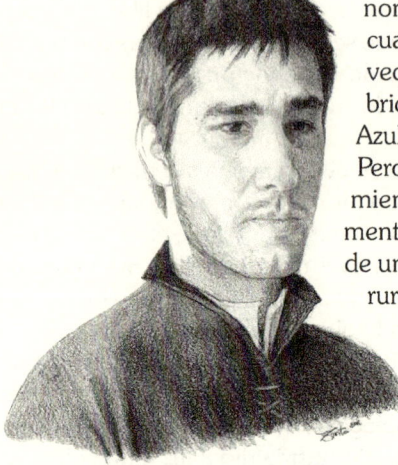

Pedro Páez, recreado por el autor.

Páez, y por lo tanto el cambio de nombre no dejó de ser curioso cuando se supo que su más ilustre vecino era precisamente el descubridor de «las fuentes» del río Nilo Azul.

Pero como decimos esta historia comienza mucho antes, concretamente en 1564, cuando en el seno de una familia de la baja aristocracia rural nacía el madrileño. Por la ausencia de documentación, poco sabemos de su infancia o de sus padres, pero se puede deducir que eran lo suficientemente pudientes como para enviar a su hijo a estudiar en la prestigiosa universidad de Coimbra.

Aquel «Colegio das Artes» era el prototipo de enseñanza progresista de la época. Desde que el rey portugués Juan III lo cedió a los jesuitas, instalaron estos un sistema didáctico en el que los alumnos podían mantener discusiones con los profesores con el fin de motivar al alumnado a mejorar su oratoria. No menos curioso resulta que el creador de este eficaz método de enseñanza fuese Ignacio de Loyola, que años antes había sido expulsado de la universidad de Alcalá.

Lo cierto es que Pedro ya tenía algún contacto con los jesuitas, de hecho su pariente Esteban Páez era provincial de la compañía de Jesús en México por lo que quizás se decidiese a formar parte de la orden poco tiempo después.

Con dieciocho años regresó a España y continuó sus estudios en el convento de Belmonte (Cuenca), donde estuvo durante seis años en los que sin duda comenzaría a nacer su espíritu aventurero. El plan jesuita para las misiones hacía que ir a estas fuese una verdadera aventura que sedujo a muchos jóvenes deseosos de conocer mundo. Entre las solicitudes se encontraba la de Pedro Páez.

Antes incluso de terminar sus estudios la orden le propuso viajar a Goa, en la India, donde se necesitaban efectivos. Esa tierra tan lejana había entrado a formar parte de los territorios del imperio español gracias a la anexión del reino de Portugal, país que en secreto había conseguido rodear África llegando a lugares remotos que para el nuevo rey tenían gran importancia estratégica.

La misión no era fácil, pero en una carta a sus superiores Páez muestra su determinación, «*Cuanto más trabajosa y difícil sea, con mayor contento y alegría la acepto*». Desde luego sería una misión difícil...

Para llegar a Goa lo mejor era embarcarse en Lisboa, en el puerto llamado «de las lágrimas», ya que los viajes resultaban tan arriesgados que difícilmente se volvía a ver las naves que de allí partían. Para llegar a la India las carabelas portuguesas tenían nada menos que atravesar el cabo de las Tormentas (hoy llamado de Buena Esperanza), y luego hacer frente a los monzones y al agitado clima del Índico.

Las naves solían llegar (si es que llegaban) desvencijadas y eran frecuentes los problemas de salud entre sus pasajeros. Pedro Páez fue uno de los que enfermó durante el viaje, que duró un mes más de lo habitual, haciendo que la situación a bordo fuese realmente complicada.

Por fin, en octubre de 1588 su nave, la Santo Tomas, llegó a Goa. Esta ciudad era un punto clave para las misiones jesuitas. El mismo Francisco Javier había estado allí poco antes para dirigirse a Japón. Además, desde Goa se organizaban la mayoría de expediciones orientales de la orden.

Cuando llegó Páez la misión más necesitada era la de Fermona (Etiopía). Hasta allí habían llegado algunos jesuitas que cada vez estaban en peor situación y era urgente auxiliarlos. El plan estaba claro, mandar más misioneros a Etiopía.

Pese a su juventud y arrojo Páez era aún muy inexperto, así que se ordenó que le acompañara un veterano de la orden, el padre Antonio Monserrat, que rondaba los cincuenta años y anteriormente ya había participado en misiones en tierras de los mongoles. Por eso los dos formaron el equipo perfecto, combinando la experiencia y prudencia del primero con la vitalidad y energía del segundo.

Desde luego, llegar a Etiopía no era una tarea sencilla. El golfo de Adén estaba controlado por barcos turcos que desde la batalla de Lepanto veían en los portugueses (y por ende en los españoles) a sus peores enemigos. Sin embargo no había otro camino.

El objetivo era el siguiente, Monserrat y Páez bordearían la costa de la península arábiga disfrazados de comerciantes armenios y desde allí descenderían al sur hasta llegar a la costa etíope en el mar Rojo desde donde avanzarían tierra adentro.

Desafortunadamente el viaje empezó mal. Desde Goa fueron a Diu en el norte, para luego navegar rumbo a Muscat (en la península arábiga). Una vez allí los dos jesuitas enfermaron de malaria, perdiendo quizá la oportunidad de haberse embarcado en una nave más segura que la que pudieron tomar al recobrar la salud. Se trataba de un pequeño navío que iba rumbo a Somalia, que después les dejaría en algún lugar del golfo de Adén. Nunca llegarían allí, porque la nave fue interceptada por los musulmanes, que les impusieron la peor condena de sus vidas. Pedro Páez y Antonio Monserrat no eran unos cautivos cualquiera, los portugueses y españoles eran presos por los que a veces se pagaban buenos rescates y pese a ser tratados como escoria era conveniente no dejarles morir.

Como presos políticos su custodia pertenecía al Gran Turco, por lo que el rey les mandó al sultán y este al bajá..., hasta que llegaron a manos de la autoridad competente. Así que los dos jesuitas fueron encadenados en las colas de los camellos de la caravana destinada a atravesar los peores desiertos de Arabia. Cruzaron la región de *Hadramaut* (que significa el «recinto mortal»), adentrándose después en el arenal más grande del mundo, el *Rub'al Khali* (o también «la habitación vacía»).

Las condiciones de su viaje fueron tan lamentables que el padre Monserrat tuvo que ser aupado a uno de los camellos, ya que al final ni siquiera podía caminar. Pedro, que contaba con veintiséis años, aguantó todas las penurias soportando tormentas de arena, espejismos y alimentándose con las sobras de la comida que los árabes habían incautado en su barco. No por ello se desesperó y ante la cruda situación fue tomando nota de todos los lugares por donde pasaban. Por ejemplo en Marib hace referencia a las ruinas del posible reino de

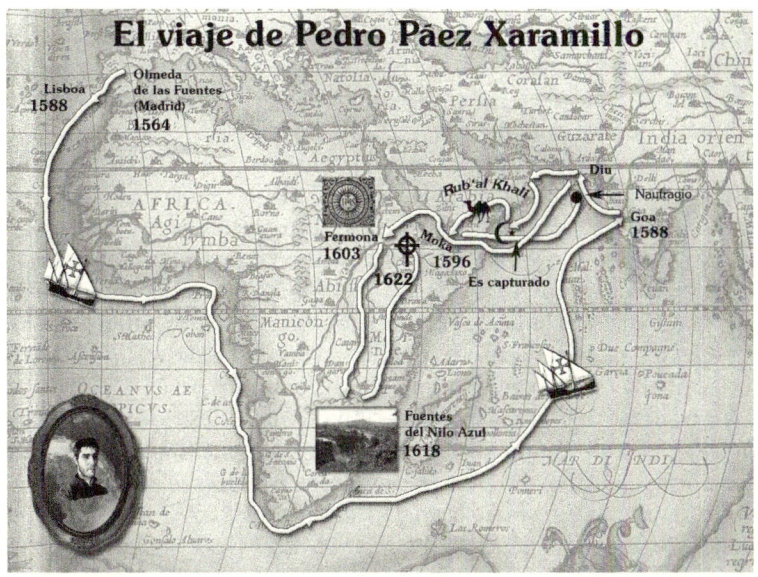

Saba (en su versión arábiga). También mencionó una extraña bebida que les ofrecieron en aquellas tierras, que fue la primera referencia europea al café.

Finalmente y después de aquel calvario, los jesuitas llegaron a la ciudad de Sa'na donde seguían siendo cautivos..., pero al menos no tenían que caminar, aunque la situación no duró mucho tiempo (siglos más tarde, varios viajeros europeos pertrechados con suficientes víveres y comodidades anduvieron por aquellas tierras vanagloriándose de ser los primeros en superar una hazaña que años antes habían logrado Páez y Monserrat).

En 1596 fueron trasladados al puerto de Moka y cuando se encontraban muy próximos a Etiopía fueron vendidos como galeotes a una embarcación turca en la que pasaron tres meses remando hasta que llegaron a Goa noticias de que Pedro Páez y Antonio Monserrat seguían vivos.

Rápidamente comenzaron las operaciones de rescate. Felipe II tenía gran interés en salvar a aquellos misioneros, pero, ¿por qué?. La verdad es que liberar a los jesuitas no era el objetivo principal. Lo realmente importante era salvar la misión en Etiopía. Curiosamente antes de la llegada de los portugueses a aquel país ya había allí cristianos. Según sus propias tradiciones los etíopes no eran otros que descendientes del reino de Saba, donde reinó Meneliq, un presunto hijo del rey Salomón.

Seguramente este extraño caso de cristianismo aislado por el Islam fue lo que mantuvo a lo largo de la Edad Media el mito del *Reino del Preste Juan*. Un rey cristiano allende los moros y que siempre estaba dispuesto a aliarse con los reinos cristianos de Europa. Del fantástico reino también se decía que era habitado por unicornios, cuestión que podía responder a la existencia de rinocerontes. Etiopía se convertía en todos los sentidos en un perfecto aliado con España en su lucha contra el Turco.

Al final y tras superar el tormento de los remos, Páez y Monserrat fueron liberados y devueltos a Goa. Antonio, que contaba ya con más de sesenta años, murió al poco tiempo y Pedro fue trasladado a Salsette donde disfrutó de un merecido descanso tras sus años de cautiverio. Durante su convalecencia continuó aprendiendo idiomas, aunque ya hablaba persa, árabe, hebreo, latín y por supuesto portugués, con algunas nociones de chino.

Sus superiores le agasajaron y aconsejaron volver a España, pero Páez no aflojaría en su empeño. Ataviado con su disfraz de comerciante armenio salió del puerto de Goa. Le esperaba una tormenta que redujo a añicos su embarcación, con lo que acabó varado en las costas de Dui. Pero esta vez no esperó órdenes de sus superiores y se lanzó a la aventura en solitario.

Llegó a la cercana ciudad y entabló amistad con una serie de comerciantes y marinos que le proporcionaron un pasaje con destino nuevamente al golfo de Adén. Una vez embarcado, la naturalidad con la que actuó no levantó ninguna sospecha, por lo que el marino turco no tuvo ningún inconveniente en desviarse al puerto de Masawa (Etiopía) para que aquel comerciante armenio cumpliese con unos antiguos asuntos pendientes.

El jesuita había conseguido su objetivo. Por fin en 1603 llegaba a Etiopía. Lógicamente nunca regresó al puerto y caminó hacia tierra adentro hasta llegar a Fermona. La situación política del país era bastante tensa. Además de los conflictos de religión con los vecinos islámicos, se sumaban las continuas rebeliones de los diferentes líderes sobre los que los «abunas» (jefes religiosos) tenían gran influencia. Precisamente estos veían a los jesuitas con especial suspicacia y recelo, lo cual hizo que el recién llegado anduviese con especial cautela.

De hecho cuando llegó a Fermona, gobernaba en el país el rey Jacob, que tan solo era un quinceañero controlado por su madre y parientes. Poco después, cuando ya había concertado una reunión con el jesuita, hubo un levantamiento y fue sustituido por Za Denguel, que no tardó mucho en mostrar interés por aquel extraño jesuita. Decidió pues reunirse con él en cuanto sus labores de gobierno se lo permitiesen. Páez aprovechó aquel lapsus de tiempo para perfeccionar su idioma y dar forma a su proyecto docente.

La inteligente estrategia le hizo ganar carisma y ser aceptado por la población. Páez se interesó especialmente por la formación de los más jóvenes logrando con ello algunos progresos sociales. No solo eso, sino que dados los logros educativos de algunos niños, tuvo un as en la manga para emplearlo poco tiempo después.

Tras resolver varios conflictos y asuntos políticos, Za Denguel ordenó llamar al sacerdote que ya había empezado a ganar cierta fama. Así que este se dirigió a la corte y con gran expectación se sometió a una especie de cuestionario teológico. El jesuita fue contestando prudentemente a todas las preguntas, ganándose el favor del emperador, y para mayor sorpresa, de los recelosos sacerdotes etíopes, que pudieron comprobar cómo sus pequeños alumnos contestaban algunas de las preguntas hechas a Páez. Así que con aquella visita dejó una grata impresión en el monarca, que consideró oportuno pasarse enseguida del cristianismo ortodoxo que se practicaba en Etiopía al catolicismo propuesto por Páez.

El jesuita consideró favorablemente aquella propuesta pero el rey se estaba precipitando demasiado. Za Denguel pretendía cambiar inmediatamente las costumbres, e incluso propuso a Páez una alianza dinástica entre los Austrias de España con los Denguel de Etiopía.

Aunque históricamente hubiese sido un curioso experimento, aquellas propuestas no llegaron a nada. Felipe III que ya era nuevo rey de España ignoró cuestiones tan lejanas. En Etiopía mientras tanto la facción ortodoxa comenzó a apoyar a Za Selesse, un serio oponente del rey Za Denguel.

El madrileño Pedro Páez fue el primer europeo que pudo llegar hasta las fuentes del Nilo Azul.

Páez, previsor, le avisó de que aquello acabaría mal y así fue; hubo una guerra civil, seguida de otro golpe de estado que entronizó a Susinos, un nuevo rey que tenía la madurez que le faltaba a Jacob, pero que tenía la templanza de la que carecía Za Denguel. También este quiso conocer a Páez.

Como había sucedido con los anteriores monarcas, el madrileño, que estaba perfectamente integrado en aquel mundo y hablaba a la perfección el amárico gue'ez (el idioma refinado etíope), consiguió ganarse incluso a los «abunas». La admiración fue mutua ya que la inteligencia y prudencia de Susinos también cautivó al misionero. El acercamiento progresivo tampoco molestó a la facción ortodoxa. Así las cosas y con mayor cautela que Za Denguel, el nuevo rey propuso una alianza militar con el rey de España.

Susinos sabía que la gran conflictividad de su reino podría solucionarse de inmediato con la intervención de un ejército aliado, pero las gestiones fueron infructuosas.

Hombre vital, insistió organizando una embajada comandada por el jesuita portugués Antonio Fernández que viajaría a España y al Vaticano para conseguir un acercamiento. Dado el aislamiento geopolítico de Etiopía, el viaje fue una auténtica locura. Había que recorrer miles de kilómetros por tierra ignota para toparse con una inevitable decepción.

Páez, que sabía lo que iba a pasar, no quiso caer en el olvido del rey, así que trató de fortalecer su amistad con él acompañándole en diferentes expediciones. Anotaba cuanto veía en un cuaderno de notas que con el paso del tiempo se convertirá en el primer libro sobre la biología africana. Además se había convertido en arquitecto real y experto en la geografía e historia del país que conocía en persona.

Eso le permitió conocer y describir con detalle cómo nacía el gran río africano, que antes de llegar a Jartún y ser conocido como Gran Nilo tiene dos vertientes. La occidental, que viene desde el Lago Victoria y la más oriental, el genuino Nilo Azul. En sus riberas andaba Páez perdido y ajeno a lo que supondría aquel memorable día 21 de abril de 1618, cuando llegó a un lugar al que ningún occidental había llegado antes y que era desconocido desde la más remota antigüedad.

Al ver su nacimiento, anotó en su libreta con una humildad proverbial: «*Y confieso que me alegré de ver lo que tanto desearon antiguamente el rey de Ciro y su hijo Cambises y el gran Alejandro y el famoso Julio César*».

Cuatro años más tarde, Pedro Páez caería nuevamente preso, pero esta vez de la malaria. Ahora no tendría tanta suerte como en sus anteriores cautiverios. Con cincuenta y ocho años y habiendo vivido muchas más experiencias que la mayoría de sus contemporáneos, murió en 1622. Hubo gran dolor en Etiopía, tanto en Susinos como en el pueblo, que no tardó en considerarle *Moallim Petrus*. O lo que es lo mismo el «Maestro Pedro».

Los adelantados

Después de haber encontrado algunas «perlas» sobre la cultura en España, como la célebre frase de Henry Thomas Buckle «*...nadie trataba de instruirse*», es fácil sospechar que hubo muchos mitos sobre la aportación cultural y científica que la España de los siglos XVI y XVII hizo al resto de potencias mundiales.

Nos extenderíamos mucho si nombráramos aquí a todos los españoles que, siendo determinantes en la historia, han sido olvidados en el extranjero..., y lo que es peor todavía, en su propio país.

Hubo algunos precedentes renacentistas, como por ejemplo, Felipe Guillén y su brújula de variación. Pero nos centraremos exclusivamente en los protagonistas del Siglo de Oro, haciendo un breve repaso de sus diferentes campos del saber.

En contra de la imagen prototípica de inquisidores quemando libros a mansalva o españoles prendiendo fuego a todo atisbo de cultura que viniese de América, hubo ilustres estudiosos que se dedicaron a instruirse por ejemplo en los idiomas del nuevo continente, como Andrés Olmos y su *Gramática de la lengua Náhuatl*, Fray Juan de Córdoba que estudió la lengua zapoteca o Fray Antonio de Ciudad Real, autor del *Arte y vocabulario de la lengua maya*.

Siguiendo con la lingüística hubo incluso adelantados como Fray Pedro Ponce de León y Fray Vicente de Santo Domingo, que se preocuparon por crear un idioma de signos con el que poder ayudar a niños sordos, acabando así con la discriminación social que sufrían.

No fue la única iniciativa social loable al respecto, hubo figuras destacadas como Fray Domingo de Soto y Fray Alonso de Sandoval, que se posicionaron en contra de la esclavitud (no solo de los indígenas americanos, como proponía Fray Bartolomé de las Casas) sino de la esclavitud de todo ser humano.

Algunos llegaron más allá, como Fray Alonso de Castrillo con su obra *Tratado de República*, en la que llegó a decir que: «*Todos los hombres nacen iguales y libres, que ninguno tiene derecho a mandar sobre el otro y que todas las cosas del mundo por justicia natural son comunes, siendo origen de todos los males la violencia y la institución de los bienes privados*».

También en medicina hubo un aporte destacado gracias al libro *Nueva Filosofía de la Naturaleza del Hombre, no conocida ni alcanzada por los grandes Filósofos antiguos, la cual mejora la Vida y la Salud humana*», atribuido no sin cierta polémica a Olivia Sabuco de Nantes, pero de indudable autoría hispana. En esta obra se destacaban aspectos tan actuales como la somatización de algunas enfermedades por el estado psicológico o emocional del paciente.

Se infravaloró directamente a algunos de estos autores, considerando que la temática de sus obras carecía de seriedad suficiente como para tener ninguna repercusión científica. Eruditos como Fray Antonio Fuentelapeña, experto en temas tan curiosos como los duendes, llegó a plantear (casi sin darle importancia) las bases de la ley de la gravedad, expresada así en su obra *El ente dilucidado*: «*Como la misma piedra que por sí misma tiene apetito e inclinación a la tierra como su centro*».

De igual manera otros descubridores españoles quedaron relegados al olvido como pasó con los inventores del telescopio. Oficialmente el primero fue construido por el holandés Hans Lippershey, quien lo vendió a Mauricio de Nassau precisamente para utilizarlo en la guerra contra los españoles a cambio de la nada desdeñable suma de novecientos florines. Sin embargo la historia no está tan clara como oficialmente parece. Cuando el investigador Nick Pelling seguía la pista del polémico *Manuscrito Voynich*, se percató de que en este aparecían informaciones cosmológicas que no hubieran podido conocerse sin tener a mano un telescopio. De tal forma que comenzó su particular investigación en busca de un inventor anterior.

Hans Lippershey habría patentado el invento el día 2 de octubre de 1608, pero Nick Pelling apreció un detalle curioso. Doce días después de presentar la patente, un óptico también holandés, Jacob Metius, reclamaba para sí la autoría, al que se sumó posteriormente otro, Zacharias Janssen. Su hijo tuvo un serio enfrentamiento con Lippershey argumentando que este había llevado al taller de su padre (y también al de Jacob Metius) un primitivo telescopio roto que Janssen como óptico arregló. Por lo tanto el invento pertenecería a su padre Zacharias Janssen y no a Lippershey. ¿De dónde había salido aquel primer telescopio roto?

Según Nick Pelling, un autor de la época comentaba como en la feria de Frankfurt, donde se presentaban los últimos inventos científicos, un holandés intentó vender a un noble alemán un catalejo que tenía una lente rota. ¿Pudo Lippershey hacerse con él?, ¿de dónde procedía?

José M. Simón de Guilleuma en su tesis *Annals del Institut d´Estudis Gironins*, da un dato significativo al respecto. Durante sus inves-

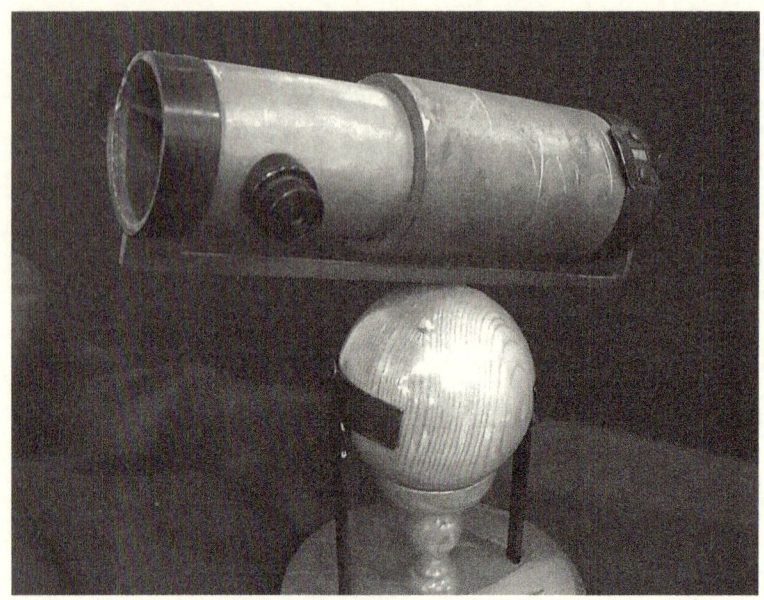

Antiguo telescopio.

tigaciones encontró un libro fechado en 1609 y escrito por Girolamo Sirtori (milanés y discípulo de Galileo), en el que se describe el prototipo del telescopio que le fue ofrecido por un tal Juan Rogets años antes de aquella feria.

Sirtori afirmaba que él mismo se entrevistó con el gerundense Juan Rogets, que junto con su hermano Pedro y los hijos de este (residentes en Barcelona) habían realizado varios telescopios o como lo llamaban ellos «olleres de llarga vista», de los cuales José M. Simón de Guilleuma localizó dos. Uno fechado en 1593 y perteneciente a Pedro Cardona, descrito como una «ullera de llarga guardera de aullo» (catalejo largo de latón) y otro posterior localizado en el testamento de Jaume de Galban el 5 de septiembre de 1608 y descrito como una «ullera de llarga vista per a mirar lluny» (un catalejo para mirar de lejos). Este último sería el que acabaría en la feria de Franckfurt, donde Lippershey lo consiguió para acto seguido llevarlo a reparar a los talleres de los ópticos Janssen y Metius que, tras arreglarlo, intentaron al igual que él hacerse con los derechos de autor de aquel invento de los hermanos Rogets.

Además de este polémico telescopio, también la autoría de una de las principales obras de arte y arquitectura del barroco ha levantado cierta polvareda con españoles de por medio.

En 1974 apareció una publicación del experto italiano en arquitectura Bruno Zevi, que solo con su título llamaba la atención *Questa non é una piazza: é una bugia* (*Esta no es una plaza es una mentira*), en la que desmontaba la afirmación de que Bernini fuese el creador de la plaza de San Pedro del Vaticano. Y como autor, Zevi propone nada menos que al madrileño Juan Caramuel, que sería quien hizo la famosa columnata. La teoría no sería descabellada, porque Juan Caramuel gozaba del favor del Papa Alejandro VII. Tanto es así que se sospecha que el Papa le propusiese como cardenal (aunque al final no pudo ser).

Lo cierto es que el ya por entonces obispo de Vigevano, Juan de Caramuel y Lobkowitz, fue un personaje controvertido en su época, tan abierto a nuevas inquietudes intelectuales que se podría decir que fue un *homo universalis* de su tiempo.

Los datos que se conocen de su infancia revelan que era un niño extremadamente inteligente cuya curiosidad abarcó todos los campos del saber, y desde su juventud llegó a publicar doscientos sesenta y dos títulos. Los temas abarcaban, desde la búsqueda del idioma universal, a las más complejas operaciones matemáticas y desde la poesía al teatro, pasando por la pintura, la escultura…, revolucionando todo aquello que trataba. Un ejemplo significativo lo tenemos en que, cuando con sus primeras obras se percató de la falta de orden existente a la hora de publicar y editar libros, escribió un tratado en el que se innovaba el mundo de la maquetación y la imprenta.

Según avanzaba su carrera eclesiástica hizo sus incursiones en el campo de la teología, aportando ideas sobre lo divino y sobre lo humano. Fruto de ello es *Architectura civil, recta y oblicua,* que escribió siendo obispo de Vigevano, tras haber ocupado varios altos cargos religiosos por toda Europa). En esta obra, como en el resto de sus tratados, Caramuel enfoca la arquitectura desde todos los ángulos posibles convirtiéndose así en el consejero arquitectónico del Papa Alejandro VII.

Todo esto, sumado a un documento de 1656 en el cual se comenta que las obras se estaban complicando «... *porque el dibujo no era de Bernini*», fue seguramente lo que hizo pensar a Bruno Zebi que las trazas de la plaza de San Pedro puedan ser en realidad un proyecto de Caramuel, que había criticado seriamente la pericia de Bernini en la obra citada anteriormente.

De lo que no hay duda es de que fuese o no el arquitecto de la famosa columnata, Caramuel fue una de las mentes más brillantes de su tiempo al igual que otros muchos desconocidos, y bien merece un recuerdo entre los hombres y mujeres que mejoraron con sus conocimientos a toda la humanidad.

Fenómenos curiosos durante el Siglo de Oro

Como hemos visto anteriormente el desarrollo de la Astronomía en la España del Siglo de Oro no fue (como se ha dicho) inferior al resto de Europa, hubo avances importantes como los conseguidos por los ya mencionados Rogets. También se reestructuraron antiguas teorías cosmológicas para la mejora de la navegación en los viajes trasatlánticos.

Obviamente, en ciertos sectores la astrología al antiguo modo siguió presente, lo que no fue impedimento para que se siguiesen investigando con verdadero espíritu científico los sucesos que acaecían en los cielos. Sucesos cargados de matices para los que no siempre se encontraba una explicación convincente. Tan solo pudieron dejar constancia de lo raro de aquellos episodios.

Las citas más remotas las encontramos en el diario de a bordo de Cristóbal Colón quien, pese a mostrarse escéptico frente a leyendas marítimas como la de las sirenas, sí pareció interesarse en cuestiones como «*un maravilloso ramo de fuego*» caído en la mar el 15 de septiembre de 1492.

Lógicamente, en el Renacimiento ya se tenía perfecta constancia y explicación para algunos fenómenos astronómicos elementales (cometas, meteoros, eclipses, e incluso las espectaculares manifestaciones de ionización del aire durante las tormentas eléctricas conocidas como «fuegos de San Telmo»). No obstante hubo hombres de ciencia que lucharon contra supersticiones y otros asuntos fantásticos, como el doctor Francisco López de Villalobos, que dejaron constancia en sus escritos de incidentes tan extraños como los acaecidos en la primera semana de diciembre del año 1512, cuando a plena luz del día («*las diez horas del día*») aparecieron «*muchas estrellas alrededor de la luna*».

Pocos años después, el 17 de mayo de 1520 durante las Cortes convocadas por Carlos I en La Coruña, también pudo verse otro curioso espectáculo celeste descrito de esta manera:

> «*A la caída del sol, pudo verse entre el Céfiro y el Bóreas un cometa maravilloso en su especie. Era semejante a un globo de fuego, pero salían de él dos caminos de color plateado que se enroscaban como una serpiente en medio de los prados; uno de ellos se dirigía al cenit y constaba de cerca de treinta vueltas; el otro tendía hacia abajo y no contaba más de doce. Por el lado que miraba a Castilla salía un humo negrísimo que poco a poco iba sorbiendo el vientre del cometa, de tal manera que este parecía preñado y a punto de arrojar el feto, hasta que, una vez visto por toda la corte, acabó consumiéndose. [...]*»

Pero no solo se contemplaron en España este tipo de luces. En las actuales costas de Chile, allá por el año 1580 el reputado marino Pedro Sarmiento de Gamboa describió algo tan inaudito que tuvo que recurrir al dibujo para explicarse:

> «*Esta noche á una hora de noche á la banda del Sueste quarta al Sur vimos salir una cosa redonda bermeja como fuego, como una darga, que iba subiendo por el cielo, ó viento. Sobre un monte alto se prolongó; y estando como una lanza alta sobre el monte, se hizo como media luna entre bermeja y blanca. Las figuras eran de esta manera*».

En otras ocasiones, cuando los sucesos respondían a cuestiones puramente astronómicas como la entrada de algún bólido se clasificaban sin pudor como cometas. Muestra de ello encontramos en las crónicas del reinado de Felipe III que curiosamente llegó a ser testigo, junto con varios nobles de la corte, de la caída de uno de ellos.

> *«(…) aparecieron en el Cielo dos cometas a un mismo tiempo, una á 5 de Noviembre de 1618, que aparecía dos horas antes de amanecer, de color blanco obscuro, turbio y nebuloso, con una punta de color encendido y en su figura parecía palma. Esta vio el Rey, acompañado del Duque de Uceda, de don Bernabé Vivanco, y de Juan Gomez de Mora, su trazador mayor; y después de haverla considerado dixo: "Ayúdenos Dios"».*

Ocasionalmente se producen fenómenos lumínicos espectaculares en los cielos españoles, como cuando eventualmente ha podido verse una aurora boreal, a pesar de la latitud. Asi sucedió en 1937 sobre Madrid, cuando el horizonte se llenó de cendales y resplandores rojos.

No sería por tanto de extrañar que por su origen meteórico se produjese un segundo avistamiento producido veinte días después.

«Otra en 25 del mismo mes y se manifestaba a una hora antes de salir el Sol. En los principios tenía figura de cuerno y en los finales de espiga: El color de la cabeza era lucido, algo encendido y el de la cola muerto ceniciento y raro».

Pero no todo eran cometas. Durante el reinado de Felipe IV, el cronista José Pellicer en sus famosos *Avisos* dejó constancia del avistamiento de «luces» y extrañas «nubes» sobre los cielos de Madrid, provocando incluso inquietud entre los astrólogos como así nos cuenta:

«Domingo 7 de mayo de 1641, (...) cerca de las nueve de la noche, apareció un globo de fuego o luz, que venía de hacia levante y, atravesando a Madrid, dio tanta luz (el espacio que duro, que no fue poco) como la del sol en día nublado, y de más a más calentaba, de forma que se sentía, era el resplandor como de seis o siete hachas juntas, con una cola de hasta siete varas.

Paso por sobre Palacio y se deshizo en la otra parte de la Priora hacia el Parque. Andan varios juicios de astrólogos, mi sentir es que el aire, que le hacía grande, le arrastró de región caliente».

Días después Pellicer vuelve a anotar otro significativo incidente:

«Ayer lunes a la misma hora, estando muy sereno el cielo, sin haber en todo el una nube, se vio una negrísima y oscura nube, que venía de entre Levante y Septentrion, dilatada y angosta, cruzando entre Poniente y Mediodía, que estuvo fija mucho tiempo sin hacer aire ni tener lo que las otras nubes, remate blanco a los lados, ni nubes menores que la acompañasen».

Es lógico pensar que también se tratase de fenómenos astronómicos. Pero, ¿por qué Pellicer no lo describe como tal teniendo perfecta constancia de la existencia de cometas y demás fenómenos astronómicos?

¿Porqué un hombre curtido en la observación astronómica como Sarmiento de Gamboa tampoco logra identificar la «cosa redonda» que observó en su viaje? ¿Qué tipo de cometa absorbe su propia estela y desprende otros cuerpos menores en direcciones opuestas como sucedió en La Coruña?

¿Quién era don Quijote?

No son pocos los expertos que consideran a Miguel de Cervantes como el padre de la novela moderna, y no les falta razón. Como en muchos otros ámbitos culturales de la época, hacer a la realidad protagonista de la obra primó sobre otros recursos artísticos.

Pero no nos ocuparemos en esta ocasión del trasfondo intelectual de su obra, ni siquiera de los puntos controvertidos de la biografía de su autor, en este caso nos centraremos en conocer hasta que punto Cervantes se inspiraba en la realidad y en concreto en *Las aventuras del Hidalgo Caballero don Quijote de la Mancha*.

Su novela es modélica, primero nos pone en antecedentes describiendo el lugar geográfico donde acontecen los hechos, en este caso, La Mancha. Pese a que algunos autores han querido ver en esta palabra una alusión al origen semita de Cervantes, es una hipótesis un tanto endeble. No porque el escritor fuese o no judío (algunas investigaciones han demostrado que existen muchas posibilidades de que lo fuese), sino más bien porque la toponimia y los nombres de los lugares en los que transcurre la novela están realmente en esa región de Castilla.

Pero sí utiliza ciertos guiños y juegos muy típicos de entonces, como encriptar nombres e información dentro del texto. Sin ir más lejos en el noveno capítulo, Cervantes niega ser el autor de *El Quijote* (aparentemente). Dice que realmente la obra no es una idea original suya, sino que yendo cierto día por la calle encontró unos manuscritos en lengua arábiga que pudo recopilar y traducir gracias a un amigo morisco que le advirtió de que se trababa de la historia de un loco idealista en pos de aventuras. El autor islámico de tales textos y según afirma no era otro que Cide Hamete Benengeli, un personaje tan desconocido para la literatura como misterioso para la historia, ¿Pero realmente... era tan enigmático?, porque hay quien piensa que en ese nombre se oculta alguna referencia a don Miguel.

Pero, si realmente se quiere descubrir hasta donde llega la realidad en esta obra, es necesario retrotraernos en el tiempo para encontrar el momento exacto en el que se empieza a escribir *El Quijote*.

Evidentemente, solamente el escritor conocía el momento en el que le vino la inspiración, pero sí parece posible que la idea tomase forma durante los sucesivos cautiverios que sufrió el escritor tras su regreso de Argel.

Una vez instalado en España se dedicó a trabajar como recaudador (primero de provisiones, para la Gran Armada, y posteriormente de impuestos). En 1592 fue encarcelado en Castro del Río por el corregidor de Écija, por haber vendido trigo de forma ilegal. Cinco años más tarde tuvo un nuevo percance en Sevilla. Había depositado los impuestos recogidos en un banco que terminó por irse a la quiebra y con él todo el dinero recaudado. Y pagó las consecuencias dando con sus huesos en prisión otra vez, aunque no debió ser por mucho tiempo, porque en 1600 tenemos noticias de su salida de la capital andaluza.

Empieza aquí uno de los mayores vacíos documentales sobre su persona. Desde 1600 hasta 1602 (año en el que se casa en la localidad de Esquivias) los pasos del novelista se pierden en torno a algún lugar de la Mancha. Sin duda estas fechas son claves puesto que nos acercamos a 1605, año de la primera publicación de *El Quijote*.

Por lo tanto, el margen cronológico en el que podríamos acotar ese tiempo de «inspiración» oscila entre 1592 (primer encarcelamiento) y 1605 (cuando se publica el libro), y solo desde 1600 (cuando sale de Sevilla) hasta 1603 (que se marcha a Valladolid) Cervantes permanece en La Mancha.

Concretando, podemos tomar como un dato significativo el lugar del que parte el hidalgo caballero que, pese a ser desconocido, tenía que estar necesariamente próximo a El Toboso. Por lo tanto sería conveniente tomar como punto de partida la patria chica de Dulcinea para localizar ese posible «*lugar de la Mancha*».

A pocos kilómetros del Toboso, nos encontramos Argamasilla de Alba, donde tradicionalmente se ha mantenido que Cervantes sufrió otro breve cautiverio, esta vez en la cueva de la casa de los Medrano. Siendo rigurosos hay que admitir que realmente no existe documentación sobre ese presidio, pero eso no significa que no sucediese.

De lo que sí hay datos es de un detalle curioso que nos encontramos en la iglesia de San Juan. En una de sus paredes hay un cuadro exvoto, ofrecido por un hidalgo llamado Rodrigo Pacheco a la Virgen de Illescas como muestra de agradecimiento por un milagro concedido.

Acompañando a la pintura nos encontramos un texto que explica de la siguiente manera el suceso:

«Apareció nuestra señora a este caballero estando malo de una enfermedad gravísima desamparado de los médicos víspera de San Mateo año MDCI encomendándose a esta Señora y prometiéndole una lámpara de plata llamándola día y noche de un gran dolor que tenía en el celebro de una gran frialdad que se le cuajó dentro».

Arriba: **Cueva de los Medrano.**
Izquierda: **Una pintura que podría estar relacionada con la identidad del personaje que inspiró a Cervantes en la creación de don Quijote.**

Como vemos, todo apunta a un problema psiquiátrico, y lo que es más interesante todavía, los acontecimientos tuvieron lugar en 1601, precisamente el año más desconocido de la biografía de Cervantes. Esto aumentando las probabilidades de la estancia del escritor en Argamasilla.

¿Sería Rodrigo Pacheco la fuente de inspiración para crear a don Quijote? Seguramente nunca sepamos a ciencia cierta si fue o no el modelo seguido, lo que sí es cierto es que de ser así es probable que Argamasilla de Alba fuese el lugar buscado, y los meses que Cervantes pasó en la prisión de la cueva de los Medrano darían sentido a la frase: «*de cuyo nombre no quiero acordarme*».

De todos modos fue el mismo quien se aseguró de que la polémica sobre la patria de don Quijote nunca se llegase a resolver. De hecho ofrece descripciones del pueblo del que sale el caballero, donde hay una cuesta a la entrada o un río en el que lavan las mujeres, paisaje que puede corresponder a cualquier villa de la zona. Y además, si leemos con detenimiento la segunda parte, nos daremos cuenta de que esa confusión de descripciones es totalmente premeditada, puesto que en el capítulo LXXIV Cervantes dice:

> «*Este fin tubo el Ingenioso Hidalgo de la Mancha, cuyo lugar no quiso poner Cide Hamete puntualmente, por dejar que todas las villas y lugares de la Mancha contendiesen entre sí por ahijársele y tenerle por suyo, como contendieron las siete ciudades de Grecia por Homero*».

Por lo tanto y pese a la insistencia en atribuirle la autoría al ilustre Cide Hamete..., comprobamos que el libro fue idea de Miguel de Cervantes. ¿Qué mejor prueba de su autoría que reconocer que al final solo sabemos lo que él quería que supiéramos?

Tumbas perdidas

Hablar de Velázquez, Cervantes, Lope de Vega o Calderón hace inevitable pensar en el Siglo de Oro, pero... ¿tuvieron algo más en común todos estos personajes?

Efectivamente, hay un punto oscuro en el que todos coincidieron, y es que no se sabe a ciencia cierta donde descansan los restos de ninguno de ellos. Bien sea porque en su momento no se le dio la suficiente importancia, o por otras razones menos claras, la localización de los restos de los grandes intelectuales del siglo XVII sigue siendo un misterio.

La historia comenzó con Cervantes, quien a una avanzada edad y dada la falta de recursos económicos ingresó en la orden tercera de los Franciscanos, siendo enterrado como pobre el 23 de abril de 1616. Por cierto, algo curioso, en esa fecha se le homenajea anualmente y se establece el Día del Libro, ya que se supone que ese mismo día murieron él y William Shakespeare. La historia demuestra que no, ninguno de los dos murió en tal fecha, ya que el 23 de abril Cervantes «fue enterrado» (o sea, falleció la víspera) y la fecha del inglés corresponde a un calendario diferente, con lo que no pudieron coincidir.

Pero volviendo al enterramiento del español, al morir sin un maravedí fue enterrado en una sepultura común, sin ninguna relevancia. Esto significa que a día de hoy y pese a que se sabe que deben estar en el convento de las Trinitarias, nadie ha sido capaz de localizar sus restos.

El siguiente en sufrir tal destino fue su gran enemigo literario Lope de Vega. En su caso fue distinto, en 1635 año en el que murió el gran dramaturgo su fama era de sobra conocida, puesto que se le llegaron a atribuir unas mil ochocientas comedias, e incluso se hablaba que era capaz de componer una obra en una sola noche sin perder su calidad habitual. A tanto llegó su fama que se instauró la moda de, para expresar que algo era bueno se decía que «*...era de Lope*». Pero pese a su multitudinario entierro en la Iglesia de San Sebastián en la madrileña calle de Atocha, sus restos solo descansaron unos cuantos años en paz.

En esa iglesia habían sido bautizados los hijos de Lope de Vega y por estar tan cercana a su domicilio, el duque de Sessa, un gran protector de Lope, decidió que era el lugar adecuado para la tumba del «Fénix de los Ingenios».

Gracias a la documentación existente, se sabía exactamente que nicho ocupaba Lope, pero las diferentes investigaciones que se hicieron en busca de sus restos se encontraron con los restos de ¡una mujer! la señora doña N. Ramiro y Arcayo. Entonces ¿dónde estaban los restos del dramaturgo?

Según registros de la iglesia, el duque de Sessa costeó toda la parafernalia y misas celebradas durante el entierro, pero la sepultura la pagó solo durante el plazo de un año. La administración de la parroquia insistió al año siguiente para que el duque pagase la cuota, pero este siempre estaba «*con palabras de hoy para mañana*». Finalmente, hartos de tanta indiferencia, en una fecha indeterminada entre 1654 y 1658 retiraron los restos de Lope para arrojarlos a un osario común, revueltos con todos los demás huesos.

Pero desgraciadamente no solo sucedió en el mundo de las letras. La indiferencia alcanzó a otras grandes figuras del mundo de la pintura. En 1660 moría en Madrid el pintor Diego Rodríguez de Silva y Velázquez, y tal como apuntan todas las referencias, fue enterrado en la iglesia de San Juan junto con su mujer (que falleció pocos días después). Se suponía que ambos estarían allí, pero algo pasó para que no fuera así.

Hacia 1809, el gobierno napoleónico decidió que por motivos de urbanismo era necesario demoler la iglesia. ¿Qué pasó entonces con los allí enterrados? Una opinión apunta a que los restos del pintor podrían estar entre los escombros de la iglesia en la actual plaza de Ramales y otra a que el rey José I firmó una Real Cédula en la que por motivos de sanidad se obligaba a trasladar a los muertos de la iglesia de San Juan a iglesias y cementerios de la periferia, salvo si eran restos ilustres. En tal caso se trasladarían a otro templo destacados de la ciudad, ¿pero a cuál?

Curiosamente en el año 1994 el restaurador Antonio Sánchez-Barriga se encontraba trabajando en el convento de San Plácido, cuando para su sorpresa dio con un enterramiento en el que reposaba un caballero de la orden de Santiago junto con una mujer, ambos del siglo XVII. Lógicamente tras el hallazgo comenzó toda una tarea de investigación en la que tuvo especial relevancia el antropólogo forense José Manuel Reverte Coma.

Los restos allí encontrados encajarían con la descripción que tenemos del entierro de Velázquez y las características físicas en cuanto a edad, tanto del hombre como de la mujer, coincidirían plenamente con las del pintor y su mujer Juana Pacheco. La investigación trata el tema con extrema prudencia y de momento no se puede asegurar que lo sean al cien por cien. Reverte Coma aporta un dato realmente significativo, si se tratase de Velázquez y su esposa, tanto el hombre como la mujer allí encontrados, murieron por una intoxicación alimentaria...

No menos rocambolesco fue el periplo de los restos de otro de los grandes, Calderón de la Barca. El escritor murió en 1681 en su estrechísima casa de la calle Mayor de Madrid, y como pertenecía a la parroquia de la iglesia del Salvador, fue enterrado allí.

Años más tarde se demolió el edificio, y los restos se trasladaron al cementerio sacramental de San Nicolás, situado en la calle Méndez Álvaro, donde permanecieron hasta 1869 cuando se comenzaron las obras del Panteón Nacional de San Francisco el Grande, lugar que estaba destinado al reposo de los restos de los españoles más ilustres. Sin embargo, finalmente el proyecto no se pudo llevar a cabo, por lo que en 1874 los restos de Calderón regresaron al cementerio sacramental de San Nicolás, pero no por mucho tiempo, pues al desaparecer este pasaron al hospital de San Pedro de los Naturales.

Finalmente y gracias a esa congregación, sus restos llegaron a la iglesia de los Dolores en la calle San Bernardo, donde están en la actualidad. El problema está en que durante la Guerra Civil de 1936, se perdieron los archivos que especificaban cuál era el lugar exacto. Pero cuando todas las esperanzas estaban perdidas, según asegura Isabel Gea Ortigas, un sacerdote de la iglesia dijo que él conocía el lugar del enterramiento de Calderón de la Barca, pero celosamente decidió ocultarlo hasta el día de su muerte. Sin embargo esta le llegó antes de que revelase su preciado secreto, quedándonos para siempre con la intriga de dónde están realmente sus huesos.

Capítulo X

EL PRINCIPIO DEL FIN Y LA GUERRA DE SUCESIÓN

El 1 de noviembre del año 1700, la endeble salud de Carlos II le llevaba al fin de su torturada vida. Moría en una fecha quizás inadecuada, teniendo en cuenta que era la víspera del día de difuntos, haciendo que no pocos agoreros elucubrasen sobre maldiciones y terribles profecías.

Más que por su falta de tino, los adivinos fueron ignorados porque la situación en España era tan desastrosa que poco más podía empeorar. Las nuevas oleadas de hambrunas y una caótica situación económica hicieron que incluso disminuyese la densidad demográfica. La industria y el gobierno tampoco atravesaban su mejor momento. Las fuerzas de la potencia mundial que era España estaban exhaustas. No había energía suficiente como para enfrentarse al resto de países, ni siquiera había ímpetu como para mantener el propio estado.

En cualquier caso, la muerte del rey no fue lo más preocupante, lo realmente angustioso fue la falta de un heredero al trono. Tras sus dos matrimonios, Carlos II no había conseguido engendrar ningún sucesor, por lo tanto el reino de España tendría que encontrarlo entre sus parientes pertenecientes al resto de monarquías europeas.

Uno de los candidatos fue su sobrino José Fernando de Baviera, hijo de la ya fallecida infanta Margarita Teresa (retratada de niña en *Las Meninas*), pero este murió al poco tiempo, cosa que no fue problema para la casa de Austria. El emperador Leopoldo propuso a otro de sus hijos, el Archiduque Carlos.

Francia por su parte tampoco se quedaba atrás y si desde Alemania se proponía al príncipe Carlos como heredero, ellos presentaban a Felipe de Borbón, heredero de la Corona de Francia y a la sazón sobrino nieto del difunto Carlos II de España.

La problemática principal de ambos candidatos era que además de España ambos pretendientes heredarían sus respectivos reinos. Uno u otro país se anexionaría los vastos territorios españoles. Además, Inglaterra (la otra potencia en discordia) temía cualquiera de las dos alternativas pues las consecuencias eran cuando menos delicadas para ellos.

Si Austria unía España a sus territorios, se crearía un imperio semejante al de Carlos I en sus mejores tiempos. Por otro lado, si Francia, que era la principal enemiga de Inglaterra en esos momentos, conseguía hacerse con el trono español se convertiría definitivamente en la primera potencia mundial. Así que los ingleses no tardaron en aliarse con la incipiente Holanda y obstaculizar todo lo posible las pretensiones austriacas y francesas.

La situación en España no era menos problemática. El pueblo de Madrid y por extensión todos los castellanos no querían un posible rey de Austria. El matrimonio de Carlos II con Mariana de Neoburgo, y el polémico comportamiento de esta, había agotado la paciencia de una población saturada por los desmanes provenientes del poder. A esto se sumaba el ultraje diplomático en el que se habían convertido las negociaciones que desde La Haya se habían estado haciendo a espaldas de España sobre cómo y quiénes iban a repartir los territorios de Carlos II.

En cambio desde Barcelona y por extensión Aragón, la posibilidad de tener un rey francés no gustaba a casi nadie, y más teniendo en cuenta que Cataluña había soportado una guerra a causa de la intromisión francesa e incluso había sido territorio francés. Por lo tanto su rechazo a la Corona francesa venía de su propia experiencia como súbditos. Pero para embrollarlo todo, Carlos II había dejado en su testamento un claro sucesor, su sobrino-nieto Felipe de Borbón, duque de Anjou.

Comienza la guerra

Nieto de Luis XIV y de María Teresa de Austria, Felipe de Borbón, con apenas dieciocho años estaba destinado a ser el rey de España. Los investigadores que se han adentrado en su enigmática personalidad, como Alejandra Vallejo Nájera, nos hablan de un rey patológicamente sumiso, que además de padecer frecuentes crisis de locura alternadas con ataques de pánico, le convirtieron en un monarca al que le fue complicado asumir su enorme responsabilidad.

Pero aparte de sus problemas personales, en principio su nombramiento no supuso ningún inconveniente a nivel diplomático para el resto de potencias europeas..., porque poco antes de la coronación como rey de España se descubrió que el astuto Luis XIV mantenía a su nieto Felipe como sucesor también a la Corona francesa.

Esta estrategia caldeó los ánimos de los otros pretendientes, por lo que Inglaterra ofreció su apoyo al emperador Leopoldo como representante de la dinastía austriaca, sobre todo a raíz del acantonamiento de las tropas francesas en Flandes, con el definitivo rechazo de Holanda. De esta forma, estos, Austria e Inglaterra permanecieron expectantes ante cualquier movimiento que hiciese Francia y por extensión el ya coronado Felipe V de España. El detonante no tardó en aparecer...

Izquierda: **Felipe V de Borbón.** *Derecha*: **el Archiduque Carlos de Austria. Los dos aspirantes al trono español.**

Los territorios del norte de Italia seguían siendo fuente de una pugna constante entre las principales potencias europeas. España aún contaba con el Milanesado, pero el resto de potencias también contaba con zonas favorables a su causa. Por eso, el bando austriaco comenzó su ataque precisamente allí.

Felipe de Borbón que había sido clamorosamente recibido en Madrid, puso rumbo a Italia para hacer frente al ataque enemigo. Finalmente y no sin cierto esfuerzo, pudo frenar al enemigo regresando nuevamente a España donde se ganó otra vez el favor del pueblo.

La situación en Europa no era tan halagüeña. Además de contar con la enemistad del emperador Leopoldo I y de su hijo Carlos, Inglaterra se añadió a la alianza declarando ilegal la nueva situación de Felipe en España hasta que no renunciase a la Corona francesa. Así que John Churchill, duque de Marlborough, fue enviado desde el Reino Unido a los antiguos Países Bajos españoles. Este excelente militar supo no solo conquistar los territorios que tanto habían costado a España en Flandes, sino que además tuvo fuerzas como para prestar ayuda al ejército del emperador Leopoldo. Y tan encomiable fue su labor que su nombre quedó inmortalizado en la famosa canción infantil *Mambrú se fue a la guerra*.

En 1702 las tropas británicas decidieron extender la guerra a España, así que aprovechando la falta de tropas en la península enviaron un contingente de 14.000 hombres a las cercanías de Cádiz, que fueron finalmente repelidos.

Esto no sirvió de impedimento para que el bando aliado intentase nuevos ataques a España, como así hizo cuando regresaba una flota cargada de oro desde América a las costas gallegas. El almirante británico Rooke, conocedor del suculento botín, lanzó sus barcos contra los navíos españoles en la ría de Vigo, en la que se llamó batalla de Rande. Hoy día aún se cuenta que bajo las aguas de la ría permanecería oculto el tesoro que iba en los barcos hundidos (como tantos que siguen sumergidos en la costa española).

Pero aquella batalla tuvo malas consecuencias. Pedro II, rey de Portugal, quedó seducido por el ímpetu británico y no tardo en incorporarse a la alianza Inglaterra-Holanda-Austria trasladando la guerra a la península ibérica definitivamente.

La guerra en España

Las sucesivas victorias del ejército aliado en Europa entusiasmaron al archiduque Carlos que decidió ir a España. Allí contaba con el favor de Cataluña (que más que estar a su lado, lo que estaba es contra el pretendiente francés).

Los catalanes tenían aún muy recientes los recuerdos de sus problemas con los franceses y para colmo veían amenazadas las libertades de las que disfrutaban desde tiempos del reino de Aragón. Felipe V, que solo conocía el sistema centralista francés, fue incapaz de comprender como podía gobernarse un país con tantas particularidades legales como era España, y decidió imitarlo sin pensar en las consecuencias, suprimiendo así todo tipo de fueros y ventajas regionales.

Por todo esto el archiduque Carlos, que tenía otros planteamientos, no tuvo resistencia ni en Cataluña ni en el resto de Aragón, declarándole directamente Carlos III de España. Obviamente la presencia del archiduque preocupó enormemente a Felipe V, que no dudó en acantonar las tropas que defendían la frontera de Portugal en la zona catalana. Esto provocó (exactamente igual que durante el reinado de Felipe IV) que los portugueses se alzasen en armas, pero esta vez ayudados por ingleses y holandeses.

La desastrosa maniobra permitió que el ejército aliado avanzase por ambos frentes. El bando francés se veía tan acorralado que Felipe V tuvo que desplazar la corte a Burgos, a la vez que Luis XIV que quería recuperar los Países Bajos sufría una estrepitosa derrota.

Mientras tanto el Archiduque Carlos avanzaba posiciones llegando a Madrid, donde se cree que pronunció su famosa frase de «*esta ciudad es un desierto*» al no encontrar a nadie en las calles que le recibiese como muestra de rechazo.

Fue entonces, cuando parecía que el bando hispano-francés estaba punto de ser derrotado, el momento en que las tropas de Felipe V ganaron posiciones. El momento llegó en la batalla de Almansa (Albacete) en 1707. Las tropas borbónicas dirigidas por el general Berwick pudieron con las austriacas dirigidas por Henri de Massue. Paradójicamente ambos generales capitaneaban tropas de potencias contrarias a las de los lugares en que habían nacido (Berwick a los franceses y Massue a los austriacos).

La batalla fue decisiva, y con ello Felipe V comenzó a ocupar los territorios de Aragón que no le habían reconocido como rey. No obstante las sucesivas batallas fueron especialmente duras, con asedios a ciudades levantinas como Alcoy, Denia o Játiva. En esta, la imagen del francés se recordaba con especial inquina como demuestra el retrato del Borbón colgado boca abajo en el Museo Municipal de l'Almodí.

Las represalias desmedidas continuaron paralelas con el avance hacia Cataluña. Mientras, el poder del ejército aliado en la península era cada vez menor pese a las victorias navales. Ahora eran ellos los que empezaban a estar acorralados.

Francia atacaba Gerona desde el norte y las tropas castellanas tras la batalla de Brihuega (Guadalajara) ponían rumbo a Lérida. Cataluña guardó entereza ante el empuje del francés, pues al fin y al cabo el archiduque Carlos de Austria estaba de su lado..., pero no para siempre.

En abril de 1711 quedaba vacante el trono del emperador del Sacro Imperio Germánico y el principal candidato no era otro que el hasta entonces llamado Carlos III de España, es decir el Archiduque Carlos, líder de los catalanes en la guerra contra Felipe V.

El austriaco regresó discretamente a sus nuevos dominios dejando desamparados a sus protegidos, aunque se quedó su esposa Isabel Cristina, que intentó tranquilizar a la población con promesas de reuniones y actos diplomáticos que nunca llegaban.

Por su parte Felipe V sabía que aquel era el mejor momento para atacar. Inglaterra, consciente del definitivo éxito de la casa borbónica pidió al rey que tratase de conservar los fueros (la cuestión principal por la que se luchaba desde Cataluña).

Finalmente en 1713 la emperatriz Isabel Cristina también abandonó España rumbo hacia Alemania, no sin antes alcanzar otros de los tantos acuerdos secretos que se llevaron a cabo durante los enfrentamientos borbónico-austriacos. Cataluña pasaba a formar parte de territorio borbónico y sus habitantes los últimos en enterarse de que habían sido dejados a su suerte.

Felipe V inició entonces negociaciones en las que los catalanes contrarios a ser parte del reino de Felipe V presentaron exigencias que el rey no admitió. La única solución fue otra batalla que deterioró aún más la ciudad de Barcelona.

El resto de territorios rebeldes tardaron poco en ser anexionados a la causa borbónica. Meses más tarde fue firmado el tratado de Utrecht por todas las potencias europeas y España, determinando que el reino de Felipe V se limitara exclusivamente a los territorios españoles (América y la península ibérica). El resto se repartió entre las otras potencias.

La muy conflictiva casa de Saboya recibió Sicilia, Holanda ganó las plazas españolas conservadas en Flandes, Portugal recuperó la colonia de Sacramento y Austria terminó apropiándose del Milanesado, Nápoles y Cerdeña.

Ni siquiera toda la península estaba en manos de España, Inglaterra por ejemplo aprovechó su intervención para hacerse con enclaves estratégicos en Gibraltar y Menorca, además de ciertos territorios caribeños. Al final la única potencia perjudicada fue la española.

Llegó el momento de asumir la nueva situación política. Meses de asedios, años de hambre y décadas de guerras obligaron al reino a permanecer quieto, truncando para siempre sus esperanzas en conseguir terrenos en Europa.

Felipe V por su parte tuvo que hacer frente a otra situación no menos compleja, reformar gran parte de la organización del nuevo estado, y lo que casi era más difícil todavía, olvidar para siempre sus aspiraciones al trono de Francia.

Por fin había llegado el turno de Francia, tras siglos de disputas con España, de ocupar el primer puesto entre las potencias europeas. El país galo tenía que hacer frente ahora a la nada fácil tarea de dirigir el rumbo de la historia.

Llegaban nuevos tiempos y nuevas complicaciones, pero Francia contaba con una indiscutible ventaja, haber tenido a los españoles de modelo para lo bueno y lo malo. Ahora era suya la responsabilidad de saber emplear aquella experiencia.

A España no le quedó más remedio que admitir su nuevo papel en el panorama mundial. Vendrían años mejores y peores, figuras encomiables y detestables, pues pese a sus diferencias no dejaba de ser un país europeo más que por exceso de complejos o de afecto mitificó aquellos años con el pesimismo propio de quien siente nostalgia por volver a una época dorada que nunca regresaría: En situaciones así es fácil pensar que cualquier tiempo pasado fue mejor.

Terminaba así o empezaba a jugarse con el concepto del Siglo de Oro. Siempre nos quedará la duda de qué momento fue el más «dorado», si los siglos XVI y XVII o aquellos instantes en los que se recordó que fueron tiempos tan gloriosos como míticos.

BIBLIOGRAFÍA

ALLEN, PAUL C.: *Felipe III y la Pax Hispanica 1598-1621.* Alianza Ensayo, 2001. Madrid.
ARES, NACHO: *La Historia perdida.* Edaf, 2003. Madrid.
BENASSAR, BARTOLOMÉ: *La España del Siglo de Oro,* Crítica Biblioteca de Bolsillo, 2003. Barcelona.
BISHOP, GEORGE: *Viajes y andanzas de Pedro Páez; Primer Europeo en las Fuentes del Nilo.* Ediciones Mensajero, 2002. Madrid.
BRANDARIZ, CÉSAR: *Reconstruyendo a Cervantes.* Nostrum, 1999. Madrid.
CARNICER GARCÍA, CARLOS J. y MARCOS RIVAS, JAVIER: *Espías de Felipe II: Los servicios secretos del imperio español.* La esfera de los libros, 2005. Madrid.
CUESTA, JUAN IGNACIO: *La Boca del Infierno: Claves ocultas de El Escorial.* Aguilar 2006. Madrid. *La vida secreta de los Borgia.* Espejo de Tinta, 2006. Madrid.
DELEITO Y PIÑUELA, JOSÉ: *La mala vida en la España de Felipe IV.* Alianza Editorial, 2005. Madrid. *El rey se divierte.* Alianza Editorial, 2006. Madrid. *También se divierte el pueblo.* Alianza Editorial, 1988. Madrid. *La España de Felipe IV.* Editorial Voluntad, 1928. Madrid
DOMÍNGUEZ ORTIZ, ANTONIO y otros: *El Barroco.* Ministerio de Cultura Misiones Culturales, 1978. Madrid. *El Renacimiento.* Ministerio de Cultura Misiones Culturales, 1978. Madrid.
DE ISABEL MARTÍNEZ, RICARDO: *Almogávares.* Falcata Ibérica, 2000. Madrid.
DE MADARIAGA, SALVADOR: *Carlos V.* Grijalbo, 1984. Barcelona.
DEL CORRAL, JOSÉ: *Sucedió en Madrid, hechos curiosos y raros de la historia de Madrid.* Ediciones La Librería, 2002. Madrid. *Vida cotidiana en Madrid, del siglo XVII.* Ediciones La Librería, 2002. Madrid.

ESLAVA GALÁN, JUAN: *La historia de España contada para escépticos*. Planeta, 2007. Madrid. *Viaje a los escenarios del Capitán Alatriste*. El País-Aguilar, 2006. Madrid.

FISAS, CARLOS: *Las anécdotas de los Austrias*. Debolsillo, 2000. Barcelona

GALLEGO, JUAN: *Visión y símbolos en la pintura española del Siglo de Oro*. Cátedra Ensayos Arte, 1996. Madrid.

GARCÍA ATIENZA, JUAN: *La cara oculta de Felipe II*. Martínez Roca, 1998. Barcelona.

GEA ORTIGAS, ISABEL: *Curiosidades y anécdotas de Madrid*. Ediciones La Librería, 1997. Madrid.

JUDERÍAS, JULIÁN: *La Leyenda Negra*. Atlas, 2007. Madrid.

LACARTA, MANUEL: *Felipe II*. Aldebarán, 2003. Madrid.

MARAÑÓN, GREGORIO: *El Conde Duque de Olivares, la pasión de mandar*. Espasa, 2006. Madrid.

POWELL, PHILLIP: *La Leyenda Negra*. Áltera, 2005. Barcelona.

PÉREZ, JOSEPH: *La Inquisición Española*. Martínez Roca, 2005. Madrid.

REVERTE, JAVIER: *Dios, el Diablo y la aventura*. Debolsillo, 2003. Barcelona.

RUIZ CASANOVA, JOSÉ FRANCISCO: *Conde de Villamediana, Poesía impresa completa*. Cátedra, 1990. Madrid.